東信堂ブックレット 7

「障害者」は私たちにとって「やっかいもの」なのか

根強く残る排除の実態

野村恭代 著

東信堂

刊行の辞

歴史の中の私、世界・社会の中の私、地球の上の私とは何か。
自分の立ち位置を常に想像できる人として生きることが、一生の存在理由であり・目的である。

以下の14点を念頭に「**東信堂ブックレット**」の性格を表現している。
1、人間が普通に生きていける社会をめざす。
2、平和であることを価値とする。
3、自由と責任を考える。
4、正義という価値を考える。
5、多様で平等という価値を考える。
6、人間の権利を擁護する。
7、他国を侵害せず、国際協力を考える。
8、想像・判断の思考を妨げない。
9、国家・行政は人々を守るためにある。
10、民主主義を熟議する、争わない。
11、子ども、若者、老人の世代の共生を最大限に生かす。
12、障碍者は人間である。包摂した生き方を探る。
13、共同、協働、協同の途を探し出す。
14、多才で豊かな力が発揮できるように人を育てる実践を重んじる。

以上の宣言に新しい宣言を付け加えていくブックレット。

（2021年7月）

はじめに

イスラエルとハマスの戦闘、ロシアによるウクライナ侵攻、西欧諸国の移民・難民問題等に象徴されるように、世界各地で分断をめぐる課題が巻き起こり、そして分断は新たなコンフリクトを生み出している。さらにこのことは、具体的な社会問題となって我々の眼前に現れる。所得格差、社会格差、貧困、虐待、暴力、マイノリティ排除、障害者差別、人身売買、宗教・民族対立、途上国女子教育、医療格差など、日本を含む世界中に様々な問題が山積している。

コンフリクトとは、相反する意見、態度、要求などが存在することにより緊張状態が生じることであり、対立、軋轢、摩擦、葛藤、争いなどと表現される。そのため、種々の社会問題を解決に導き、真に包摂社会を構築するためには、まずコンフリクトを根源から解消することに注力しなければならない。

日本の地域社会に目を向けると、従来の法制度のもとでは対応困難な諸課題やこれまで想定されることのなかった新たな課題が生じている。現在の人口減少、少子高齢社会のもとで、ＳＤＧｓの目標である"No one will be left behind"（誰一人取り残さない）のスローガンを満たすためには、様々な分断を乗り越えなければならない。

障害者福祉においても、地域を基盤としたさらなる支援の充実が求められているところである。しかし、障害者が地域で生活することに対しては、いまだ多くの障壁が立ちはだかる。二〇一〇(平成二二)年に実施した、全国精神障害者地域生活支援協議会(以下、ami)に加入する全施設・事業所を対象とした施設コンフリクトに関する調査においては、二〇〇〇年以降も二六ヶ所の施設・事業所で施設コンフリクトが発生していることが明らかになった。

施設や事業所の建設や運営に対する地域住民からの反発はまさに代表的な障壁の一つであり、障害者の地域移行・地域定着を進め、あらゆる人が地域であたりまえに暮らすことのできるまちをつくるためには、このような課題を一つひとつ解決していかなければならない。また、近年では保育所に対する地域住民からのコンフリクトも全国各地で発生している。保育所に対するコンフリクトと障害者施設に対するコンフリクトでは、発生の理由に違いがみられる。保育所に対しては、保育所を利用する対象者(子ども)のことは多くの住民が理解している。そのため、反対の理由は「子どもの声がうるさい」「送迎の際の話し声等が気になる」など、「対象者による行為」である場合が多い。一方、障害者施設に対するコンフリクトは、「施設利用者のことがわからない」「理解できない」ことから生じるものであり、反対の理由は「対象者そのもの」である。このように発生理由が異なる以上、当然、合意形成プロセスも異なるものとなり、障害者施設に対するコンフリクトの合意形成には、まずは対象者を正しく理解してもらうための取り組みが必要となるため、より長期の時間を要することとなる。

本書では、主に障害者施設に対するコンフリクトを題材として、障害者施設・事業所及び地域住民への調査結果をもとに、両者の関係性構築のために必要な諸要素について検討するとともに、障害者施設と地域住民との共生による地域づくりについて考える。

目次／「障害者」は私たちにとって「やっかいもの」なのか——根強く残る排除の実態——

「障害者」は私たちにとって「やっかいもの」なのか

——根強く残る排除の実態——

第1章　障害者をめぐる社会的課題

1. 住まいの課題

日本の住宅政策の流れにおいて、社会福祉の観点は希薄である。戦後の住宅政策は、標準的なライフコースに適応する人を想定したものであり、その枠内に入らない人々への支援は考慮されていなかった。特に障害者は、大規模な収容施設において専門的な処遇を行うという名目により、人里離れた場所で集団生活を送ることを余儀なくされてきた。なかでも精神障害者は、精神科専門の病院を増設し、収容医療を行うことが施策の中心であった。そこには、人が生活するにふさわしい「住まい」を整備するという発想は皆無であった。

これまで、日本の住宅政策に基づく住宅確保に向けた支援を得ようとすると、標準的なライフコースに乗ることが前提条件となっていた。しかし、住まいの確保を必要とする人々の多くは、標準的なライフコースから外れた人々であり、それは現在においても同様である。生活支援の観点からすると、このような標準的なライフコースから外れた人々こそ支援の必要性が高い。現状では住宅支援と生活支援とを切り離して提供しているため、住宅確保後の生活への支援が提供されないという事例も少なくない。

二〇〇六(平成一八)年に制定された「住生活基本法(法律第六一号)」に基づく「住生活基本計画」(平成二三年三月、閣議決定)において、「住宅確保に特に配慮を要する者の居住の安定の確保」等が目標として掲げられ、国土交通省より目標達成のための基本的な施策が示された。その具体的な内容は、①サービス付き高齢者向け住宅の供給促進、②高齢者、障害者等の地域における福祉拠点等を構築するための生活支援施設の設置促進、③低額所得者等への公平かつ的確な公営住宅の供給、④各種公的賃貸住宅の一体的運用や柔軟な利活用等の推進、⑤高齢者向け賃貸住宅の供給及び公的住宅と福祉施設の一体的整備の五点である。

さらに、同年四月施行の「障害者自立支援法」(現・障害者総合支援法)において、「住宅入居等支援事業(居住サポート事業)」が創設された。これは、賃貸契約による一般住宅への入居を希望しているものの、保証人がいないなどの理由により入居が困難な障害者に対して、入居に必要な調整等に係る支援を行うとともに、家主等への相談・助言を通じて障害者の地域生活を支援するものである。

このように、いわゆる「居住弱者」とされる人々への住まいへの支援が展開されつつある一方、居住弱者、なかでも障害者が利用する住まいに対する地域住民からの反発は根強く残っており、障害者施設に対する施設コンフリクトは、現在においてもなお全国各地で発生している。

近年、障害者の地域移行に向けた支援の充実が求められている。その一方で、障害者が地域へ移行するには多くの障壁が立ちはだかる。障害者の住まいを整備する際に生じる地元住民からの反発は、まさに代表的な障壁の一つである。障害者の地域移行を推進するためには、こういった問題を解決しなければならない。

このようなさまざまな背景を踏まえ、米野は「NPOによる住宅関連の活動においても、既存建物を活用して住宅を供給し、住宅ストックを適切に維持管理していくことが求められる」(米野二〇〇六)と指摘する。近年、特定非営利活動法人(以下、NPO)による障害者、高齢者、生活困窮者等への入居支援に関する活動は活発になりつつあり、今後のさらなる積極的な役割が期待されているところである。しかし、物件管理者や近隣住民からのコンフリクトの発生等により、障害者等の入居を拒否する不動産業者等も多い。特に、精神障害者が利用する施設・事業所に対しては、二〇〇〇年以降も全国で施設コンフリクトが発生している状況にある(野村二〇一三)。このような状況を打開するため、国土交通省と厚生労働省、地方公共団体等が連携して「あんしん賃貸支援事業」を実施し、NPOも全国でさまざまな取り組みを始めている。本事業における取り組みでは、入居前、入居後の居住支援を行うことにより、居住者および家主双方の不安を除去することが期待される。

2. 就労の課題

木下は就労について、「生活のリズム・体力増強・生命活動そのものであり、収入・社会的役割・人格形成を形成する場であり、役割・存在意義・自尊心・満足感など心理的、社会的な意味合いが強い」（木下二〇一〇）と述べている。

早野も、「労働は、単に経済生活の維持だけを目的にするものではない。働くことは、社会的に一個の人間として認知され自尊感情の満足につながったり、人間関係の拡大をもたらしたり自己実現や自己表現につながるという点で、就労は収入だけに限らない面を人にもたらす」（早野二〇〇五）と定義している。

このように、就労の意義は、労働により得られる対価で日常生活を維持することの他に、社会参加や自己実現を果たすという大事な意味がある。

また、日本における障害者の就労形態は、一般就労形態と福祉的就労形態の二つに大別することができる。ここで、特に福祉的就労形態について言及すると、中小企業診断協会福岡県支部のまとめた報告書では、特に授産施設の担う役割が大きいことを指摘している。さらに、「障害者自立支援法」により授産施設の多くが移行することになる「就労継続B型」に関しては、「居場所としての機能と、就労移行の機能」（木下二〇一〇）があり、就労継続B型は障害者にとって必要となる日中の居場所と就労との両方を兼ね備えているものと捉えることができる。

このような意義を持つ「就労」を提供する施設・事業所は、今後ますます整備されることが望まれるところであるが、実際に新しく施設を建設することは容易ではない。施設の建設を阻む要因にはさまざまなものがあるが、ここでもまた地域住民から起こるコンフリクトがその行く手を阻む。

社会的弱者層の人々への地域に定住するための生活支援にはさまざまなものが含まれるが、なかでも「働くこと」への支援は重要な課題の一つである。しかし、その施策には遅れがみられ、支援を必要とする人々のニーズに対応可能な支援方法は充分に確立されていない。二〇〇九（平成二一）年四月には「障害者雇用促進法」が改正され、二〇一三（平成二五）年四月からは障害者雇用率が二・〇％に引き上げられた。このような状況下においても、依然として障害者の雇用対策は不十分であり、特に、精神障害者への対策は他の障害領域を対象としたものよりも大幅な遅れがみられる。企業や官公庁への精神障害者の雇用を義務づけた、障害者雇用促進法の改正案は可決したばかりであり、施行は二〇一八（平成三〇）年四月である。また、他の障害領域に比べ精神障害者の離職率は有意に高いとの指摘もあり、精神障害者のニーズや特性を活かした雇用方法を開発することや就職後の支援体制の確立は急務である。

3．障害者を取り巻く社会的バリア

障害者への差別、偏見を指摘する研究は複数存在する。偏見は、学習しながら段階的に形成される特徴があり、障害者への偏見は、新聞や雑誌などのマスコミによる事件報道の影響も大きいと考えられている。長期間に渡って形成された障害者へのイメージは、障害に関する正確な知識が後に与えられたとしても変化しにくいとされる。その結果、障害者はスティグマを背負わされることになる。スティグマは固定的な属性（その人に備わった特徴）ではなく、スティグマを負うこととスティグマを負わせることの相互性に目を向ける必要がある。

障害者への社会的バリアの一つとして、住まいの課題、就労の課題でも取り上げたコンフリクト問題がある。地域住民が障害者施設を拒否するのである。地域側が施設の受け入れを拒否することには、複数の要因がある。まず、施設コンフリクトが認められる地域では、施設側と住民側の感情的対立と現実的な利害対立、さらにそれを修飾する住民側のステレオタイプ化された障害者に対する不安や恐怖心がみられる。このようなステレオタイプ化された認識は、全体の二〇％前後の住民に認められ、このことは、障害者と住民との社会的距離の拡大に深く関連している。さらに、感情的なコンフリクトが施設側と住民側との間に存在している場合には、相手に対する憎悪の感情を「障害者は危険だから」という理論で合理化し、反対運動の根拠とすることがしばしばあり、問題解決を困難にしていると指摘されている。また、公有地への施設建設の場合には、その土地を直接的に住民の利益になるように利用したいという住民側の希望があり、事態はより一層困難なものになる。障害者施設へのコンフリクトの場合には、利害対立が表に出ないまま「危険である」「気味が悪い」という理由のみで、地域住民は施設コンフリクトを展開する場合が多い。コンフリクトが生じる要因には、やはり障害を持つ人に対する誤解や偏見が払拭しきれないという事実がある。

地域住民が障害者施設に対して抱く不安は、単なる情報不足から生じている場合もある。このような場合、住民の感情は偏見ではなく単なる誤解だと考えられる。施設コンフリクトの核となるものは多くの場合、迷惑意識をもち施設立地への抵抗や反対の行動を起こす隣接地域の住民である。さらに、施設コンフリクトを時間軸でとらえた場合、施設設立時における過程は、①コンフリクトや問題が表立って生じていない段階、②潜在的状態から施設設立の公示がなされ争点が顕在化し広がりをもつ段階、③それらのコンフリクトないしは課題に対して何らかの対応が行われ、再び潜在化していく段階、という三段階に分かれる。

施設コンフリクトは、ただ回避し予防されるべきものではない。それは新しい施設と地域との関係を形成していく機会であり、施設を地域のなかに取り込んだ新しい福祉コミュニティを形成していくための重要な契機の一つとして位置づけるべきである。

4．障害者を支援する事業所の役割

現在は諸々の事情により事業形態は変わっているが、事業所の取り組みの一つの事例として、とある法人の試みを紹介する。

［働くことへの意識を変える事業所の挑戦］

○「同じ土俵」で戦うことの意味

・A事業所が誕生するまで

H市にあるS駅から五分程歩くと、交差点の角に小さなケーキ屋が目に入る。ケーキ屋の前は小学校で、朝夕の通学時間には小学生の元気な声が響く。一見、何の変哲もないまちのケーキ屋だが、よく見ると外壁の一部に見覚えのある日本財団のマークがある。そこは、社会福祉法人Hの運営する列記とした事業所である。事業形態は就労継続支援B型、店名（施設名）は「パルミエ」。パルミエの利用定員は一〇名であり、常に三名の職員が勤務している。アルバイトの販売員は非常勤扱いの七名。パルミエは、法人の職員同士の会話から誕生した。

I氏「内職作業ばっかりして、これが一般就労につながるんやろうか」

T氏「つながらへんよなぁ。なんか新しいことせな、なんも変わらへんで」

法人には、就労継続支援B型事業所二ヵ所、共同生活援助一ヵ所と指定特定相談支援事業所一カ所の計四つの事業所がある。I氏とT氏はそれぞれの所長を務めている。

I氏「内職ばっかしててもあかんよな」

T氏「今の作業が合ってる人もおるけど、物足りん人もようけおるやろうなぁ」

自分たちの事業所が提供している内職作業は、果たして一般就労につながるのだろうか。なお、法人が提供する作業は、一〇〇円均一ショップに並ぶ商品の袋詰めやさまざまな機械の部品の組み立などである。これまで、それぞれの事業所から一般就労へとつながった利用者はほとんどいない。なかには、「別に一般就労したぁない」「このままここを自分の居場所にしたいねん」という利用者もいるものの、真剣に一般就労を希望する利用者もいる。が、一向に就労につながらない。

就労継続支援B型事業所の役割は、もちろん居場所としての機能も求められてはいるものの、通常の事業所に雇用されることが困難な障害者に対して、就労の機会を提供するとともに、生産活動やその他の活動の機会の提供を通じて、その知識及び能力の向上のために必要な訓練を行うことにある。その役割を、自分たちは果たすことができているのだろうか。悩んだ末に二人の意見は一致した。

I氏「新しい形態の事業所つくろう」

T氏「せや！利用者が興味持つ作業ってなんやろな？」

それ以降、理事長とI氏、T氏の三人は、毎晩のように議論を重ねた。作業の内容を大きく変えて、作業環境を整えて、なんとかみんなの就労へのモチベーションを上げたい。これまでとは違う、新しい事業所をつくりたい。その一心で議論を重ねた結果、三人の意見は「店舗型の事業所を作る」ということで一致した。ただ、「何の」店舗にするかで意見が分かれる。

T氏「駄菓子屋がええんちゃう？子どもと触れ合う機会もできるやん」

I氏「和菓子屋がええよ。うち、和菓子好きやし」

A氏「どっちもいまいちやねぇ」

近年、全国でパン屋を運営する就労支援事業所が多くみられる。しかし、三人の話し合いでは、「パン屋は朝早いやん。利用者も自分たちもしんどいで」という理由からあえなく却下。そして、最終的に三人がたどり着いたこたえは「ケーキ屋」だった。（**写真1、2**）

写真1　以前のパルミエの概観①

写真2　以前のパルミエの概観②

○理念と事業内容

地域住民に「施設」としてではなく、一般の店として認識して欲しいとの思いから、障害者の利用する事業所だということを公表せずに活動を始めた。店の外装も内装も、通常の施設や事業所の概念を覆すため、専属デザイナーを雇用し設計した。（写真3）

販売する商品は、一般の洋菓子店と同等、むしろそれ以上の物を提供することを心がけ、材料にも一級の物を使用。ケーキ等を買いに来る客も「施設だから」買いに来るという人はほとんどみられなかった。また、事業所のなかでは障害をオープンにしているため、障害者ではない従業員に障害に関する知識の提供などを行うことにより、障害者への理解を雇

写真3　内装（すべてデザイナーによりデザインされたものを使用）

用の条件の一つとした。

事業所の主たる業務はケーキ等の製造および販売。施設職員としてパティシエを雇用し、「施設の作ったお菓子」ではなく、一般の洋菓子店としてのお菓子を提供し続けた。利用者の主な作業内容は、焼き菓子の袋詰め、ケーキのフィルム巻き、ギフト詰め合わせ、ラッピング、素材の下ごしらえ、販売など。ケーキ等の売り上げは、多い日で一日一四万〜一五万円、月平均では一日四万円。売り上げを同規模の他店と比較すると、一万円程度平均を上回っていた。なお、開所一周年記念イベントの際には新聞広告を三万枚配布。その結果、三日間で三〇〇人の来客があった。（写真4、5）

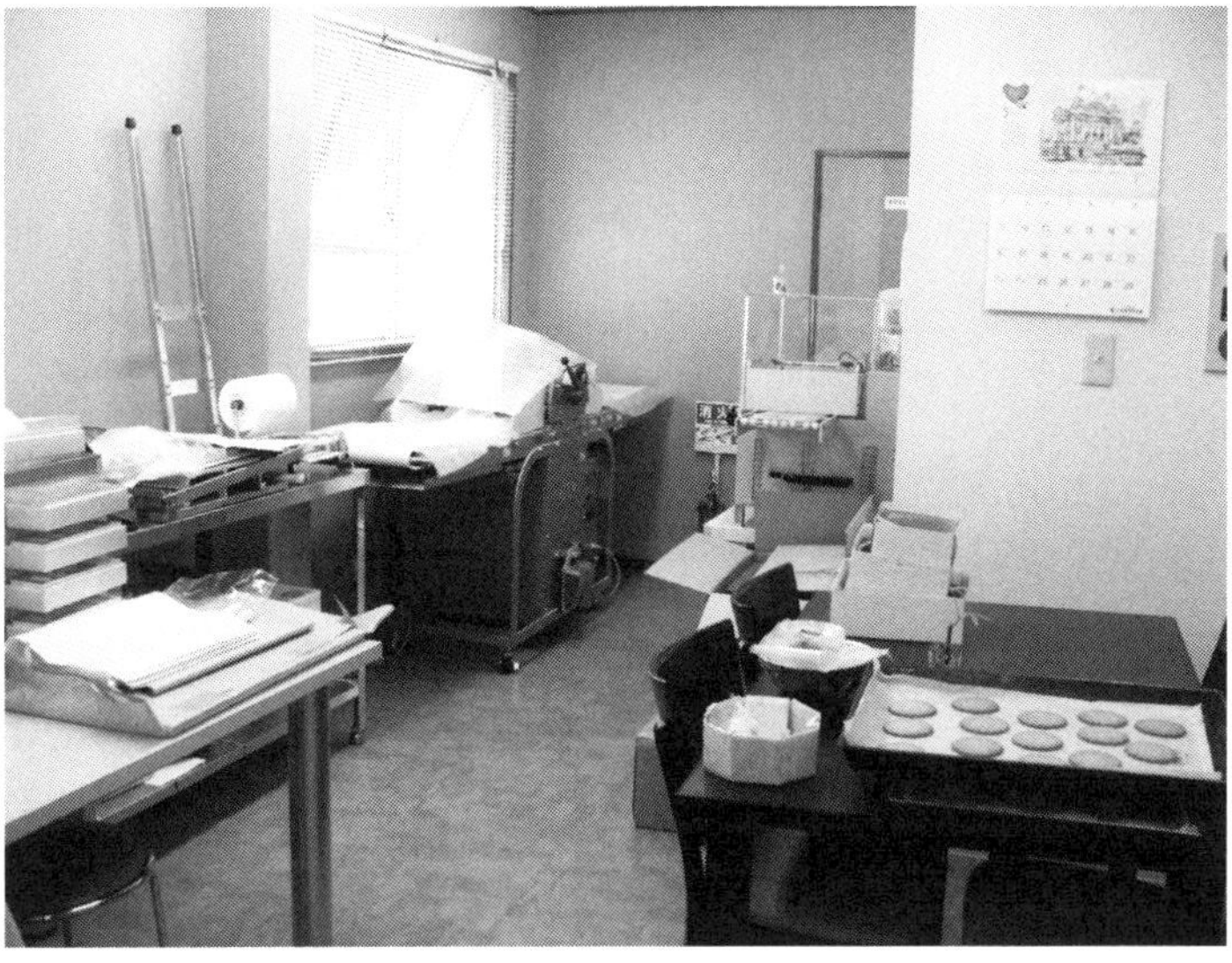

写真4　作業場の一部

写真５　以前のパルミエの商品

○現在のパルミエ

その後、パルミエは場所を移し、ケーキ屋から軽食のお店へと形態を変えている。地域の人たちが事業所のお客さん、という点は変わっていないものの、提供する品物が変わり、そのことにより子どもから大人まで、気軽に立ち寄れるお店になった。（写真６、７、８、９）

結局、最後までケーキ作りは事業所の「作業」にはなり得ず、事業所の利用者はケーキ作りとは直接関係のない作業（たとえばケーキにフィルムを巻く、焼き菓子の袋詰め、レジ打ちなど）が主であった。そこで、お店の商品に直接携わることのできる物にした方がよいだろうとの判断から、現在の軽食のかたちにシフトすることになった。

なお、現在提供しているものは、ホットサンド（一五〇円）、ピザトースト（二二〇円）、コーヒーゼリー（一〇〇円）、コーヒ（一〇〇円）、その他飲み物各種などである。（写真10）

写真6　現在のパルミエの外観①

写真7　現在のパルミエの外観②

写真８　店内①

写真９　店内②

写真10　メニュー

○パルミエの取り組みから、改めて就労支援を考える

内職等の手作業を主とする就労支援事業所では、利用者と地域住民など施設外の人々との交流の機会は、年に数回程度であるところがほとんどである。しかし、以前のパルミエでは一日平均二〇～二五人の来客があり、商品の販売を通して地域住民と接点を持つ機会を、支援の大切な一部として担保していた。そのことにより、地域住民も特別に「障害」や「障害者」を意識することなく、自然と関わる機会を得た。

また、社会福祉施設であることを隠して開所し、後から周辺住民が施設であることを知った場合には、施設コンフリクト発生の確立は高くなるが、本事例では、施設であるということを地域住民が知った後もコンフリクトの発生は確認されていない。その理由は、地域住民が障害者が利用する施設であることを知った後も、パルミエを「施設」としてではなく、一般の店舗と認識したからである。

さらに、就労という側面から考えると、本事例とこれまでの福祉的就労との大きな違いは、内では障害をオープンにし、外にはそれをクローズドにしている点である。なぜ外に対し障害を隠すのか、その理由は「同情で買って欲しくない。一般のお店のように内容で勝負したい」という法人および施設長、職員の思いと信念である。このことにより、就労している利用者も、自分たちの作った商品をその完成度で評価し購入してくれたことに対し自信と喜びを感じることができるとともに、就労意欲の向上や従来の福祉的就労では解消されないと指摘されてきた劣等感や緊張感の克服にもつながったのである。

また、事業所のなかでは障害をオープンにしているため、障害者ではない従業員に障害に関する知識の提供などを行うことにより、障害者への理解ができているか否かを雇用の条件としていた。障害のある人も、現時点では障害のない人も、お互い気を遣うことなく事業所内では対等に話をし、仕事をする。このことは、事業形態は福祉的就労であるものの、一般の会社や企業と変わらない職場を提供していると捉えられる。

なお、現在のパルミエは内職を主とする就労支援事業所の隣にあるため、パルミエで飲食業を経験した結果、「やはり作ることは難しい」「お客さんの相手はしんどい」といった理由から、隣の内職に移る利用者もいるという。実際に経験してみて、その体験から自身にあった内容の就労を選択することも、就労支援としての必要な支援である。

第2章　施設コンフリクト

1. コンフリクトとはなにか？

一九六〇年代前半頃のコンフリクト研究の対象は、主に軍拡競争（arms races）、暴力（violence）、戦争（war）、侵略（aggression）であった。その後、一九六〇年代後半に入りコンフリクト研究は転換期を迎え、そして現在に至っている。現在では、工学や社会学など幅広い分野で研究対象となっている。

コンフリクトの定義には、それが個人の内部で発生するものなのか、それとも他者との間に発生するものなのかなど、さまざまな議論がみられる。

トーマス（Thomas 1976）は、コンフリクトを「二者間コンフリクトである」と定義する。また、コンフリクトの基本認識として、①適度なコンフリクトはコストとみなす必要はない、②「意見・見方の違い」というコンフリクトは、総合的でより深い理解を生む、③攻撃的なコンフリクトが非合理的あるいは破壊的である必然性はない、という三点を示している。さらに、コンフリクトのもつ機能的な側面と逆機能的側面を認識し、「コンフリクトの排他」から「コンフリクト・マネジメント」へとパースペクティブをシフトすることが重要であると主張する。

ロビンズ（Robbins 1997）による定義には、「認知」「対立」「希少性」「妨害」の概念要素が含まれる。具体的には、AがBの目的達成や利益の向上を結果的に失敗させるような何らかのかたちの妨害によって、Bの努力を打ち消そうと意図的に努力するプロセスがコンフリクトであると述べており、コンフリクトは少なくとも二者以上の存在があって発生するものと捉えている。

小幡（一九九二）は、コンフリクトを「紛争」と表記し、紛争には少なくとも二つの当事者、もしくは分析上区別しうる二つ以上の単位（unit）あるいは主体（entity）が必要であるとする。さらに、紛争は、「地位の希少性（position scarcity）」あるいは「資源の希少性（resource scarcity）」のために発生するものであると考え、紛争から生じる紛争的行動は、他の当事者を破壊したり、傷つけたり、妨害したり、あるいはコントロールしたりしようとする行動であり、紛争関係は、ある当事者が他の当事者の金銭的、労力的あるいは精神的支出によってのみ、勝ち取ることができる関係であると述べる。つまり、紛争には当事者間の相互作用があり、相互作用の過程で行われる活動とそれに対する反応は、互いに対立しあっているゆえのものである。

R．リッカートとJ．G．リッカート(R. Likert and J. G. Likert 1976)は、コンフリクトとは、自己にとっての望ましい結果を得ようと積極的な努力をすれば、それによって他者の望む結果の獲得が妨げられ、さらには敵意が生じる状態のことであると定義する。また、コンフリクトを「本質的コンフリクト」(課題の本質に根ざしたコンフリクト)と「感情的コンフリクト」(対人関係の情緒的、感情的側面から生じたコンフリクト)に分類している。そして、情緒的コンフリクトがあるために課題の遂行が難しいような状況においても、本質的なコンフリクトを解決することに焦点を当てることが必要であると指摘する。さらに、反対する人々がすべての結果に満足するとき、コンフリクトは解決したものとみなされ、誰かがその結果に不満である限り、コンフリクトは解決されていないことになり、その点にコンフリクトの解消の困難さがあると指摘する。また、コンフリクトの発生そのものに関しては、コンフリクトになることもあればそうならない場合もあるとして、コンフリクトにつながりやすい状況としては、「価値観に関する相違」を挙げ、その相違がコンフリクトにつながるか否かは対人関係の過程における特性によって決まると述べている。

水野(二〇〇七)は、コンフリクトとは「抗争」「葛藤」であり、次の四つの状態にある場合であると定義する。①有機体が二つあるいはそれ以上の目標に直面している、②その目標同士の持つ誘意性(valence)がほぼ等しい、③その方向が相反している、④有機体がある位置から動けずにいる状態にある。

松本(一九九七)は、社会的コンフリクトには「個人内葛藤」(ミクロレベル)と「社会的コンフリクト」(マクロレベル）の二つがあると定義する。また、松本は、conflict はラテン語の「confligere」（打ち合う、争う）の名詞形である「conflictus」（打ち合い、ぶつかり合い）を語源とし、もともとは、人々の間の闘争や戦い、特に長期に渡るこじれた争いごとを指す言葉であり、これらは通常、社会的コンフリクトとして総称されるもので、その後、転移表現、比喩的表現として、一人の人間の内部での異なる精神対立という意味が成立したと述べている。つまり、コンフリクトは、元来は社会的なものを意味し、その後に個人の精神対立へ派生したものであると考えられる。

コンフリクトの定義としては、それが周囲に認知されているかも重要である。

ロビンズ（一九九七）は、コンフリクトが存在するか否かは認知の問題であると指摘する。当事者の誰もがコンフリクトに気づいていなければ、コンフリクトは存在しないことになる。つまり、コンフリクトはその全当事者に認知されていなければ成立しない。

松本（一九九七）は、社会的コンフリクトの原因は、当事者間に同時に実行できない活動傾向が存在することであると述べる。つまり、コンフリクトは、少なくとも一方の当事者が、他者との間に両立不可能な活動傾向が存在していると知覚することが必要になる。

坂本（二〇〇五）は、水資源開発における社会的コンフリクト・マネジメントに関する研究のなかで、コンフリクトは、強いものから弱いものまですべてにおいて「争い」状態であるとし、それは実社会に表出したり、精神世界に留まるものであったりするもので、コンフリクトが表出していない状態、つまり、個人の心のコンフリクトを、「葛藤」もしくは「迷い」と整理している。その上で、コンフリクトとは、①複数の意思決定主体が存在し、②一部またはすべての意思決定主体の望む状態が異なり、③意思決定者らが状態を改善する意志、あるいはそのための機会やきっかけがない、もしくは動機が決定的ではない、と定義している。さらに、コンフリクトを表現するためには、①意思決定者、②代替案、③(意志決定者から見た)代替案の評価、の三点を必要な基本構成要素として示している。

中島(一九八六)は、国際関係論ではcollaborationを「協力」というのに対し、conflictを「対立」と訳していることをあげ、その上で、対立の概念を次のように示す。対立とは、生物個体ないし群れの間において、一方には利益を、他方には損害または現状維持をもたらす関係であり、主体がこの対立関係を意識しているときは「対立」といい、意識していない場合は「潜在的対立」という。つまり、対立はそれが意識されているかいないかにより、その意味することが異なると整理している。

コンフリクトをその状態によって分類する研究もみられる。

フィッシャーとスミス(Fisher, et al. 2000)は、コンフリクトを、

①コンフリクトが存在しない状態（ゴールも行動も両立している状態）
②表面的なコンフリクト（行動は両立していないがゴールは両立している状態。一見ゴールの違いがあるように見えるがそれは誤解であり、根源的は矛盾はない）
③潜在的なコンフリクト（行動は両立しているが、ゴールが両立していない状態）
④明確なコンフリクト（行動もゴールも両立していない状態。顕在的なコンフリクトは潜在的な根があるとともに表面にも現れており、歴然としたコンフリクトとして知覚される）

の四つの状況に分類している。

先行研究におけるコンフリクトの定義には、それぞれにおいて多少の相違はみられるものの、共通している点は、①二者間以上の間で生じ、②両者の目標とする方向が異なっており、③その目標を追求しようとするときに生じるものである、という三点である。また、コンフリクトは個人内の対立状態（葛藤状態）として生じる場合もあれば、集団間で生まれる場合（対立、紛争）もあり、コンフリクトはミクロからマクロまでさまざまなレベルで発生するものである。さらに、それがコンフリクト当事者に知覚されていることも、コンフリクトの成立においては重要な点としてあげられる。

2. 障害者施設へのコンフリクト

(1)「施設コンフリクト」の定義

前節では、コンフリクトの概念と定義を整理することで、コンフリクトとはどのような状態であるのかについて言及した。そこでのコンフリクトの共通点は、「コンフリクトは二者間以上の間で生じ、両者の目標とする方向が異なっている状況で目標を追求しようとするときに生じるもの」である。また、コンフリクトが個人内の対立状態(葛藤状態)である場合もあれば、集団間で生じる場合(対立、紛争)もあり、コンフリクトはミクロからマクロまでさまざまなレベルで生じるものであるということも確認した。さらに、それがコンフリクト当事者に知覚されているか否かも重要な要素であることも共通認識として確認した。なお、社会福祉学分野における施設コンフリクトの定義の共通項は、「施設コンフリクトは住民と地域、もしくは施設と地域との間で生じる」という点である。

本書では、先行研究などをもとに、筆者(二〇一三)の施設コンフリクトの定義を用いる。

①施設とその周辺住民との間で発生し、
②施設とその周辺住民との目標に相違があり、
③それが表出していることにより、
④当事者がその状況を知覚している状態

(2)精神障害者施設を対象としたコンフリクトの実態

筆者は、目に見えない障害であることから人々の理解を得ることが難しいとされる精神障害者施設を対象に、ami(全国精神障害者地域生活支援協議会)の協力のもと、二〇一〇年及び二〇二〇年に全国調査を実施した。二〇一〇年の調査については概要を示し、二〇二〇年の調査については調査結果を示す。

1) 二〇一〇年全国調査結果

二〇一〇年調査の特徴としては、回答を得た全施設・事業所の約半数が「古くからの住宅街」に立地しており、新規に建物を建設した施設・事業所の約四割が「農地などが多く残っている地域」に立地していたことである。施設・事業所は日常的に他者との交流が図れる場所に建設すべきであることは認識しているものの、土地の取得のしやすさや多くの住民が生活する場所を避けての土地選定という実情が明らかになった。

また、施設コンフリクト発生と地域特性との関連では、施設コンフリクト発生の割合が最も多い地域特性は「新興住宅街」（二三・一％）であった。施設・事業所が最も多く立地している「古くからの住宅街」では、一〇五件中一二件（一〇・三％）で施設コンフリクトが発生していた。さらに、新規に建物を建設した施設・事業所の約四割が立地する「農地が多く残っている地域」では、二三件中三件（一一・五％）の発生が確認された。本調査結果からは、定説として施設コンフリクトが起こりやすい地域性と考えられてきた「古くからの住宅街」よりも、新興住宅街における発生率が高い傾向が示された。

次に、施設コンフリクト発生と施設種別との関連では、入所施設における施設コンフリクトの発生率が高く（福祉ホーム三三・三％、生活訓練施設二五・〇％、グループホーム一八・八％）、通所施設で低い値を示した（作業所九・四％、地域生活支援センター・地域活動支援センター一一・一％）。現在の両者の関係性においても、「施設や施設利用者について理解してもらえている」とした施設・事業所は、通所型である作業所、就労継続支援Ｂ型事業所、地域生活支援センター・地域活動支援センターの順で多く、「相互不干渉、関係はない」とした施設・事業所は、入所型である福祉ホーム、グループホームの順で高い割合が示された。

施設コンフリクトへの対応とその後の関係では、一九八〇年代までの施設コンフリクトの合意形成では、施設建設同意への交換条件として、「代替施設の建設などを地域住民が要求する」「施設側に建設条件の譲歩を求める」などがみられる。また、一九九〇年代の施設コンフリクトの合意形成では、「施設建設者側の地域住民への誠実かつ熱心な働きかけ」や「地域住民が施設の活動を実際に見る機会を設けること」などの取り組みがみられる。このように、一九八〇年代までと一九九〇年代とでは、合意形成プロセスに違いがあることがわかる。

本調査結果からは、二〇〇〇年以降にみられる施設コンフリクトへの施設・事業所側の対応として、①仲介者による介入、②仲介者による介入およびその他の複数の対応の導入、③理事長および施設長など、施設関係者による説明または説明会の実施、④何も対応しない、の四類型に整理される。また、施設コンフリクトが発生した全二六施設・事業所のうち、一五施設・事業所で仲介者による介入がみられた。

さらに、施設・事業所それぞれの対応の帰結では、仲介者が介入した一五施設・事業所のうち、一〇施設・事業所で開設に至っており、そのうち八施設・事業所は現在の関係性は良好である。また、仲介者による介入のみの対応を行った四施設・事業所では、すべて予定通り施設・事業所を建設し、現在も良好な関係性を構築している。また、仲介者の内訳は、半数強の八施設・事業所で行政が仲介者として介入していた。この結果をみる限り、仲介者による介入は施設・事業所の開設や開設後の経過にプラスの影響を与えていることがうかがえる。

また、施設コンフリクトを乗り越え建設に至った一四施設・事業所における現在の地域との関係性をみると、一一施設・事業所で良好な関係性を構築していることがわかる。良好な関係性の中身を具体的にみると、「施設や施設利用者について理解してもらえている」という回答よりも、「相互に援助し合っている」と回答した施設・事業所が多く、全体の半数に上っている。

2) 二〇二〇年調査結果

本調査は、郵送法によりアンケート票を配布し、返送により回収した。調査実施期間は二〇二〇年一一月、回収状況は、調査票発送数三五〇票に対し回収一一〇票(有効回答数も一一〇票)であり、有効回収率は三一・四%であった。

① 施設・事業所等の概要

施設・事業所の設置年は、二〇〇〇年以前が最も多く全体の二六・四%であり、次いで二〇〇五年〜二〇〇九年及び二〇一〇年〜二〇一四年の間に設置されたものが多く、合わせて全体の四一・八%を占める。(図2-1)法人の設置年に関しては、二〇〇〇年〜二〇〇四年が最多で四一・八%、次いで二〇〇五年〜

二〇〇九年の二二・七％となっている。（図2-2）一九八七年の「精神保健法」で初めて「社会復帰施設」の規定が設けられ、一九九三年の精神保健法改正により「精神障害者地域生活援助事業（グループホーム）」が法定化、一九九五年の「精神保健及び精神障害者福祉に関する法律（精神保健福祉法）」では社会復帰施設の四類型（精神障害者生活訓練施設、精神障害者授産施設、精神障害者福祉ホーム、精神障害者福祉工場）が定められた。一九九九年の精神保健及び精神障害者福祉に関する法律の一部改正では、「精神障害者地域生活支援センター」が社会復帰施設に追加された。このような法制度の変遷により、二〇〇〇年以前に設置された施設・事業所が多くなっているものと考えられる。また、二〇〇五年の「障害者自立支援法」、二〇一一年の障害者基本法改正、二〇一二年の「障害者の日常生活及び社会生活を総合的に支援するための法律（障害者総合支援法）」等も施設・事業所の設置動向や法人の設置年（法人格の取得や変更）に影響を及ぼしているものと思われる。

	件数	割合
1. 2000 年以前	29	26.4%
2. 2000 ～ 2004 年	19	17.3%
3. 2005 ～ 2009 年	23	20.9%
4. 2010 ～ 2014 年	23	20.9%
5. 2015 ～ 2020 年	12	10.9%
無回答	4	3.6%
合計	110	100.0%

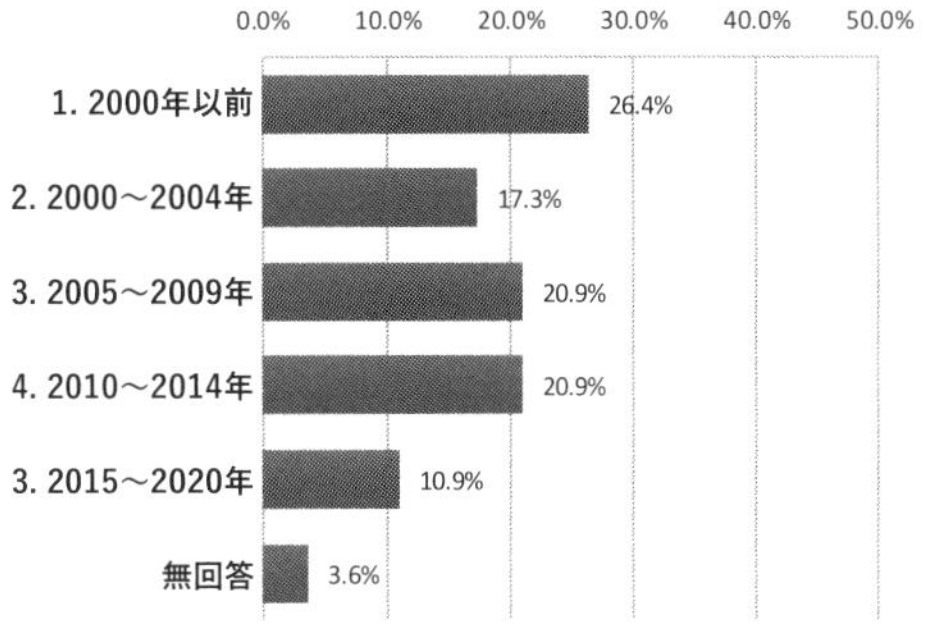

図 2-1　施設の設置年

	件数	割合
1. 2000 年以前	18	16.4%
2. 2000 ～ 2004 年	46	41.8%
3. 2005 ～ 2009 年	25	22.7%
4. 2010 ～ 2014 年	8	7.3%
5. 2015 ～ 2020 年	5	4.5%
無回答	8	7.3%
合計	110	100.0%

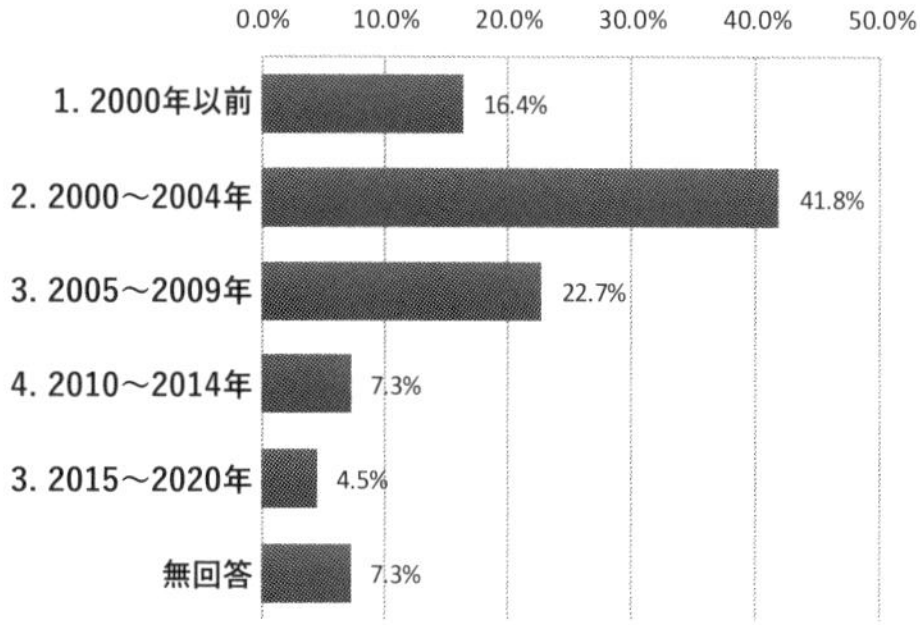

図 2-2　法人の設置年

施設・事業所等を設立した背景は、「当事者や家族などによる働きかけにより設立」と回答した割合が最も高く全体の六割を占めており、「設立者の信念により設立」した割合は三七・三%である。（図２－３）施設・事業所の設置主体及び運営主体は、社会福祉法人とＮＰＯ法人がそれぞれ四割程度である。（図２－４、図２－５）設立者がいわゆる当事者の家族・親族であることも多く、地域での居場所の必要性を誰よりも感じているからこそ、施設・事業所というかたちでの居場所を作り上げてきたのだろう。

	件数	割合
1. 行政の福祉計画に基づいて設立	17	15.5%
2. 当事者や家族などによる働きかけにより設立	66	60.0%
3. 設立者の信念により設立	41	37.3%
4. その他	13	11.8%
全体	110	

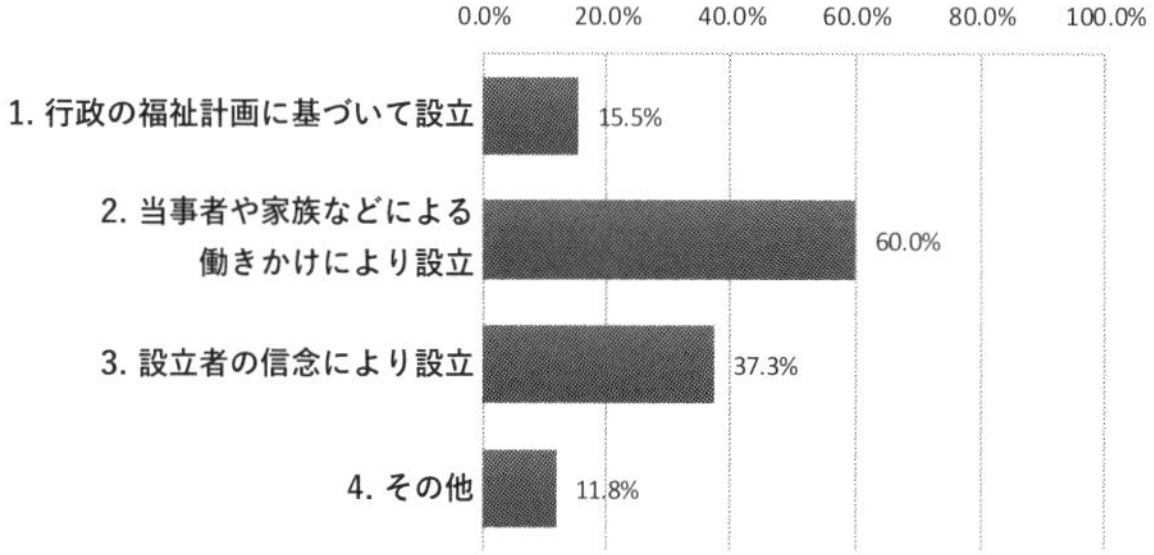

図 2-3　施設・事業所等設立の背景（複数回答）

	件数	割合
1. 道・市町村	4	3.6%
2. 社会福祉法人	47	42.7%
3. 医療法人	3	2.7%
4. NPO 法人	45	40.9%
5. 株式会社	1	0.9%
6. その他	10	9.1%
無回答	0	0.0%
合計	110	100.0%

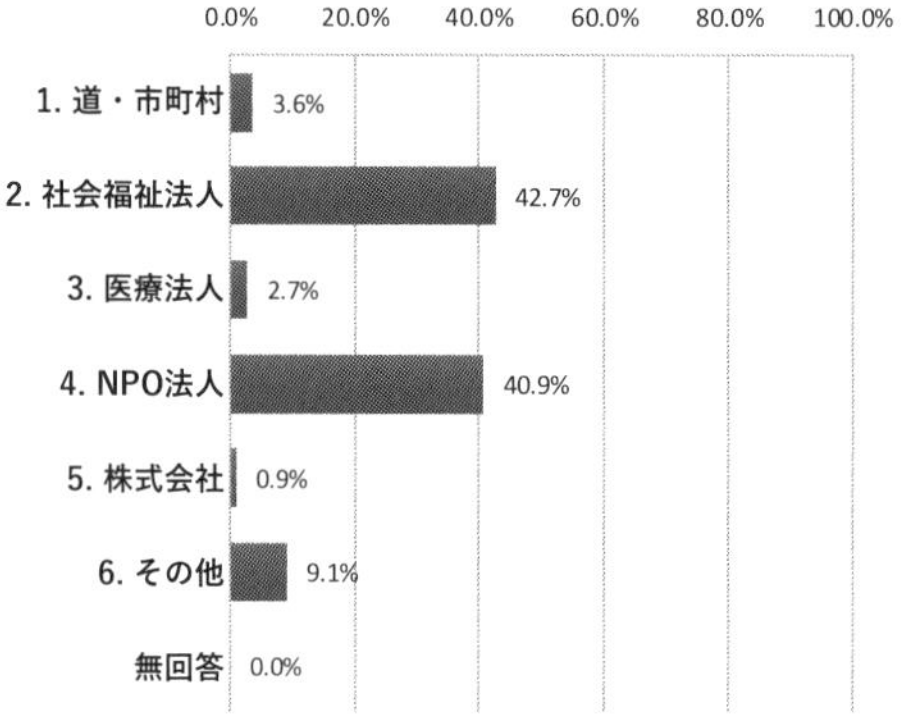

図 2-4　施設・事業所等の設置主体

	件数	割合
1. 道・市町村	0	0.0%
2. 社会福祉法人	50	45.5%
3. 医療法人	3	2.7%
4. NPO 法人	48	43.6%
5. 株式会社	1	0.9%
6. その他	8	7.3%
無回答	0	0.0%
合計	110	100.0%

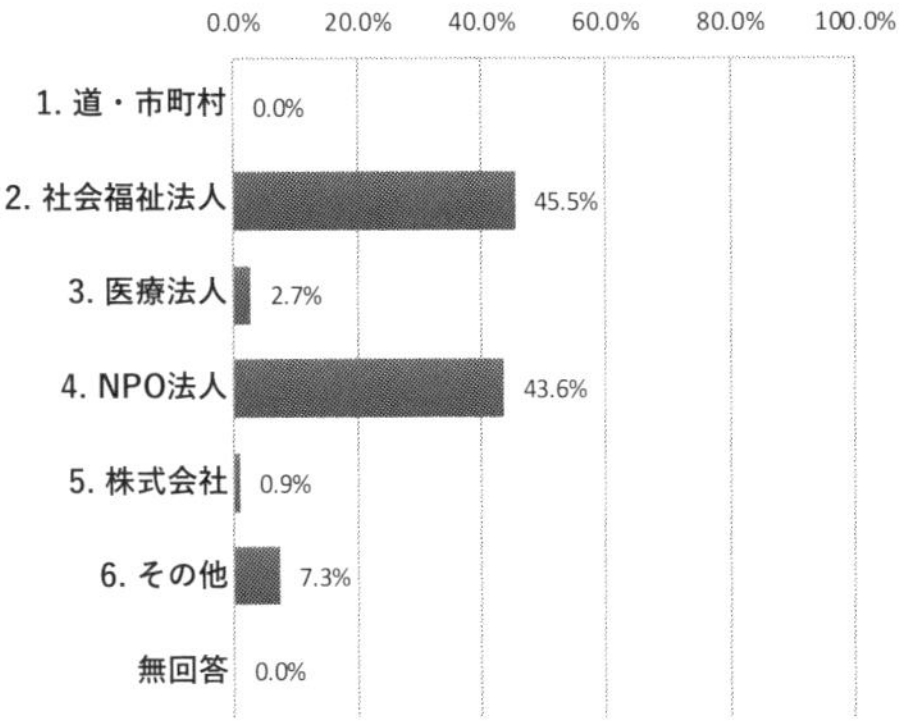

図 2-5　施設・事業所等の運営主体

施設・事業所等の利用者の定員数は、二〇人未満が最も多く四二・七%、次いで二〇人〜三〇人が三〇・九%である。(図2-6)精神障害者施設は、他の障害施設に比べると後発であったこともあり、たとえば知的障害者施設のような大規模施設の割合は高くない。しかし、これは決して精神障害者が地域に受け入れられているということではなく、長い間、精神障害者に対しては医療施設での長期入院を強いてきたことによるものでもある。そして長期入院の問題は、現在においてもなお解決されていない。

	件数	割合
1. 20 人未満	47	42.7%
2. 20 人～ 30 人	34	30.9%
3. 31 人～ 40 人	14	12.7%
4. 41 人以上	10	9.1%
無回答	5	4.5%
合計	110	100.0%

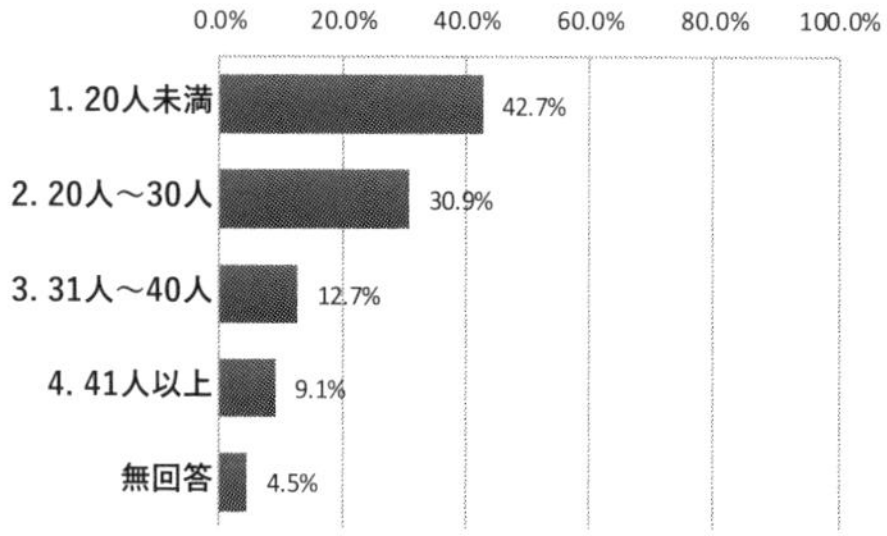

図 2-6　施設・事業所等の規模（利用者の定員数）

②　施設・事業所等立地地域の概況

施設・事業所用地の取得については、用地は取得しておらず、マンションの一室など賃貸物件を利用している割合が五割を占める。（図2-7）そのため、建物についても五八・二%が賃貸を利用している。（図2-8）

	件数	割合
1. 公有地	15	13.6%
2. 公有地の払い下げ	1	0.9%
3. 民有地の寄付	0	0.0%
4. 民有地の購入	10	9.1%
5. 民有地の借り上げ	15	13.6%
6. 設立者・関係者の保有地	11	10.0%
7. 用地は取得していない※	55	50.0%
8. その他	6	5.5%
全体	110	

※マンションの１室など賃貸物件で開設・開所している場合等

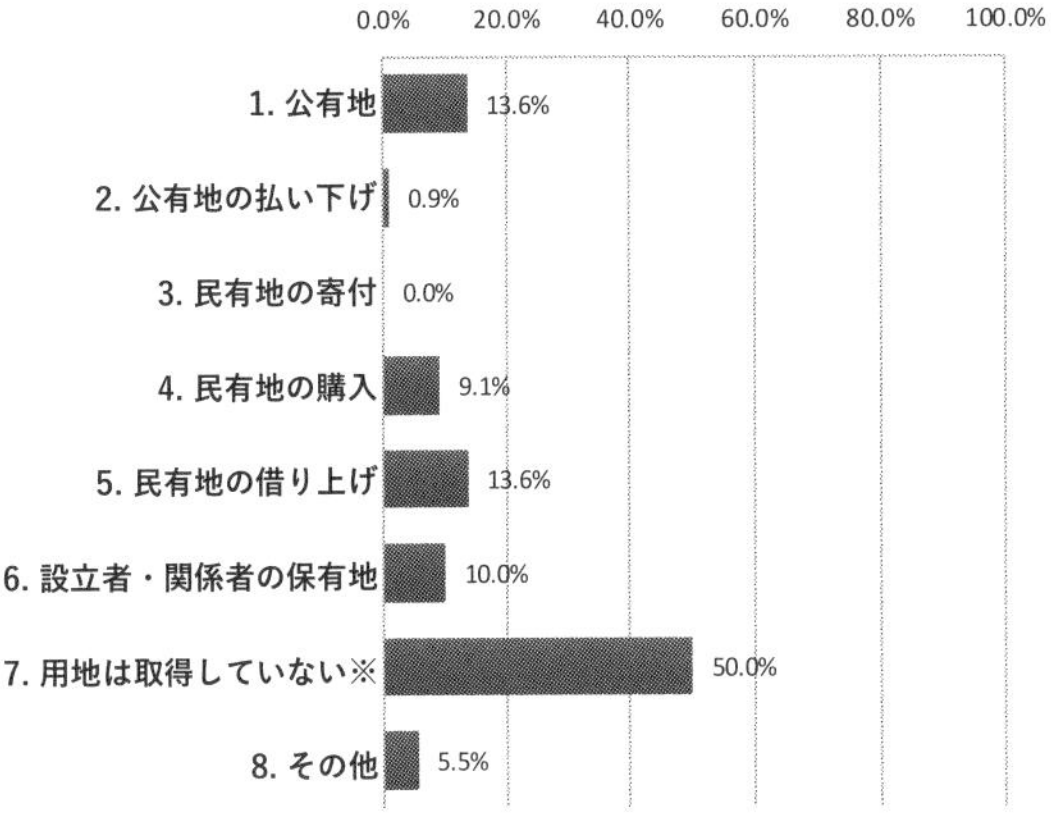

図 2-7　用地の取得方法（複数回答）

	件数	割合
1. 新規に建設	25	22.7%
2. 既存の建物を転用	20	18.2%
3. 既存の建物を改築	15	13.6%
4. 賃貸	64	58.2%
5. 公営住宅を利用	0	0.0%
6. その他	4	3.6%
全体	110	

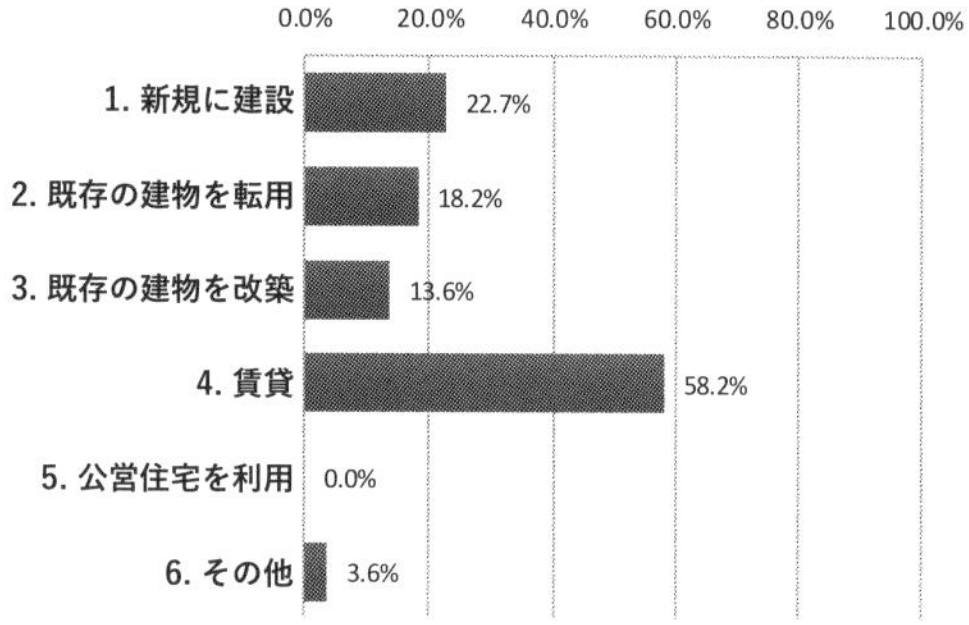

図 2-8　建物（複数回答）

施設・事業所等のある周辺の地域をみると、「古くからの住宅街」が六五・五％、「繁華街・商店街」が二四・五％で、「農地が多く残っている地域」は一割ほどである。（図2-9）施設・事業所は地域のなかで他の人々との交流が図れる場所であることも重要であり、そのため住宅街や商店街にある建物を利用する施設・事業所が多いものと考えられる。

	件数	割合
1. 繁華街・商店街	27	24.5%
2. 古くからの住宅街	72	65.5%
3. 新興住宅街	9	8.2%
4. 工場などが多い地域	5	4.5%
5. 農地が多く残っている地域	11	10.0%
6. その他	9	8.2%
全体	110	

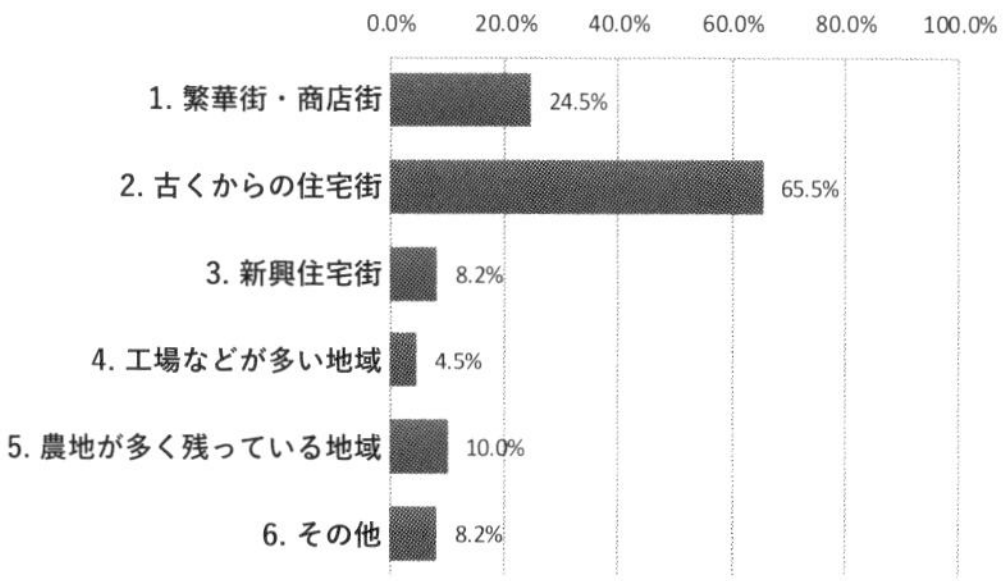

図 2-9　施設・事業所等周辺の地域特性（複数回答）

現在の場所に施設・事業所を設置した理由は、「交通の便がよいから」「地域のなかに関連施設や社会資源があるから」など、利用者が利用しやすい場所を選択していることが伺える。（図2-10）近年、さまざまな形態の施設・事業所が増えていることもあり、自分たちの施設・事業所を利用者から選んでもらう必要があることから、設置する場所も施設・事業所の運営においては重要な要素となる。

	件数	割合
1. 土地の取得がしやすいから	10	9.1%
2. 住民から建物の活用の理解が得やすい場所だから	26	23.6%
3. 人との交流がしやすい（交流の機会が得られやすい）場所だから	20	18.2%
4. 交通の便がよいから	51	46.4%
5. 地域のなかに関連施設や社会資源があるから	39	35.5%
6. その他	35	31.8%
全体	110	

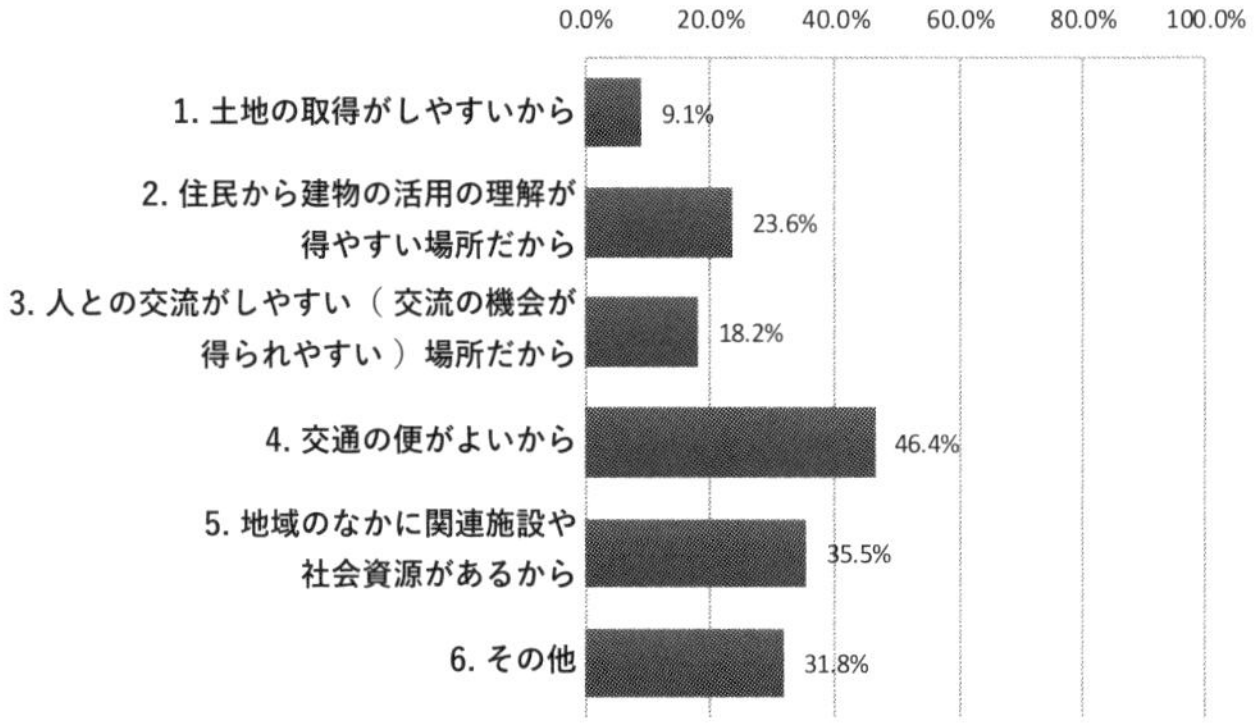

図 2-10　現在の場所に施設・事業所を設置した理由（複数回答）

③ 地域との関係性

施設・事業所は、開所後の地域との関係性が重要になるため、施設・事業所開設に関して住民に説明の機会を設ける場合が多い。そこで、施設・事業所等の開設に対する住民への説明の時期を問うたところ、「実施していない」が最多で五五・五%を占めていた。施設・事業所等の開所における近隣住民の同意は不要であることから、あえて説明しないという施設・事業所が増えているものと考えられる。説明を行った施設・事業所では、施設の着工前が多く、次いで施設開所時点、施設開所前と続く。(図2-11)

	件数	割合
1. 施設着工前	23	20.9%
2. 建物の建設着工時点	2	1.8%
3. 施設開所前	12	10.9%
4. 施設開所時点	13	11.8%
5. 実施していない	61	55.5%
6. その他	16	14.5%
全体	110	

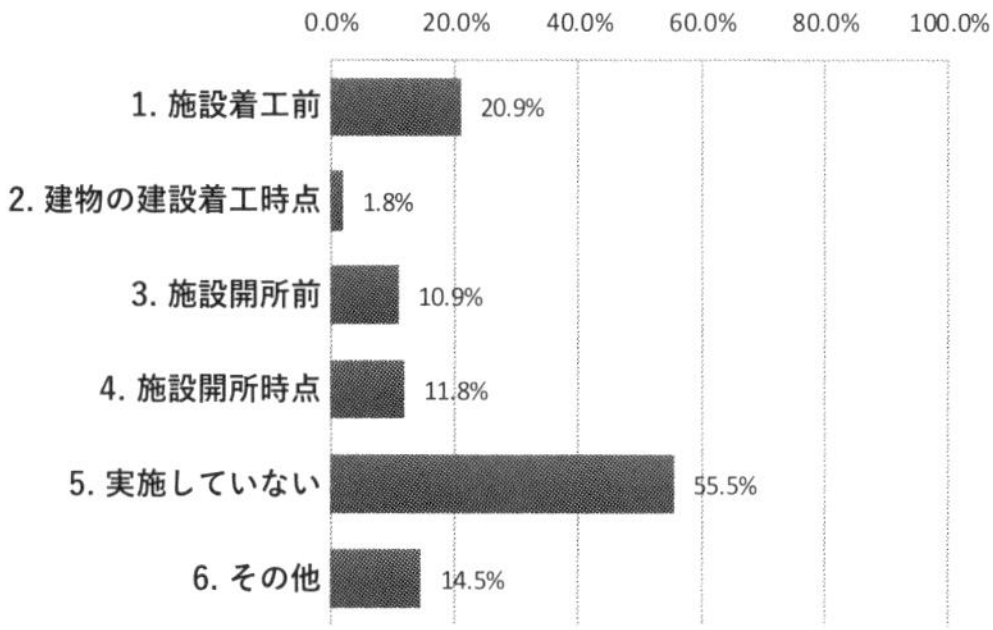

図2-11　施設開設に関する住民に対する説明の時期（複数回答）

住民への説明の方法は、「施設周辺在住の住民宅を訪問」二一・八％、「町内会に説明」一六・四％、「地元の有力者を訪問」一三・六％の順であった。（図2-12）なお、「施設周辺在住の住民宅を訪問」の「周辺」とはどの範囲かを尋ねたところ、「徒歩五分圏内」七九・二％、「徒歩一〇分以上」一二・五％、「徒歩一〇分圏内」が四・二％であり、約八割が施設・事業所から徒歩五分圏内の住宅を訪問しているという結果であった。（図2-13）さらに訪問件数も尋ねたところ、「五〜九件」三三・三％、「五件未満」及び「一〇〜一九件」がどちらも二〇・八％、「二〇件以上」が八・三％であった。（図2-14）

	件数	割合
1. 施設周辺在住の住民宅を訪問	24	21.8%
2. 行政主催の説明会を開催	3	2.7%
3. 施設・事業所主体の説明会	12	10.9%
4. 施設の現地説明会を実施	3	2.7%
5. 地元の有力者を訪問	15	13.6%
6. 町内会に説明	18	16.4%
7. チラシや回覧板等を活用	3	2.7%
8. マスメディアを活用	0	0.0%
9. 実施していない	41	37.3%
10. その他	13	11.8%
全体	110	

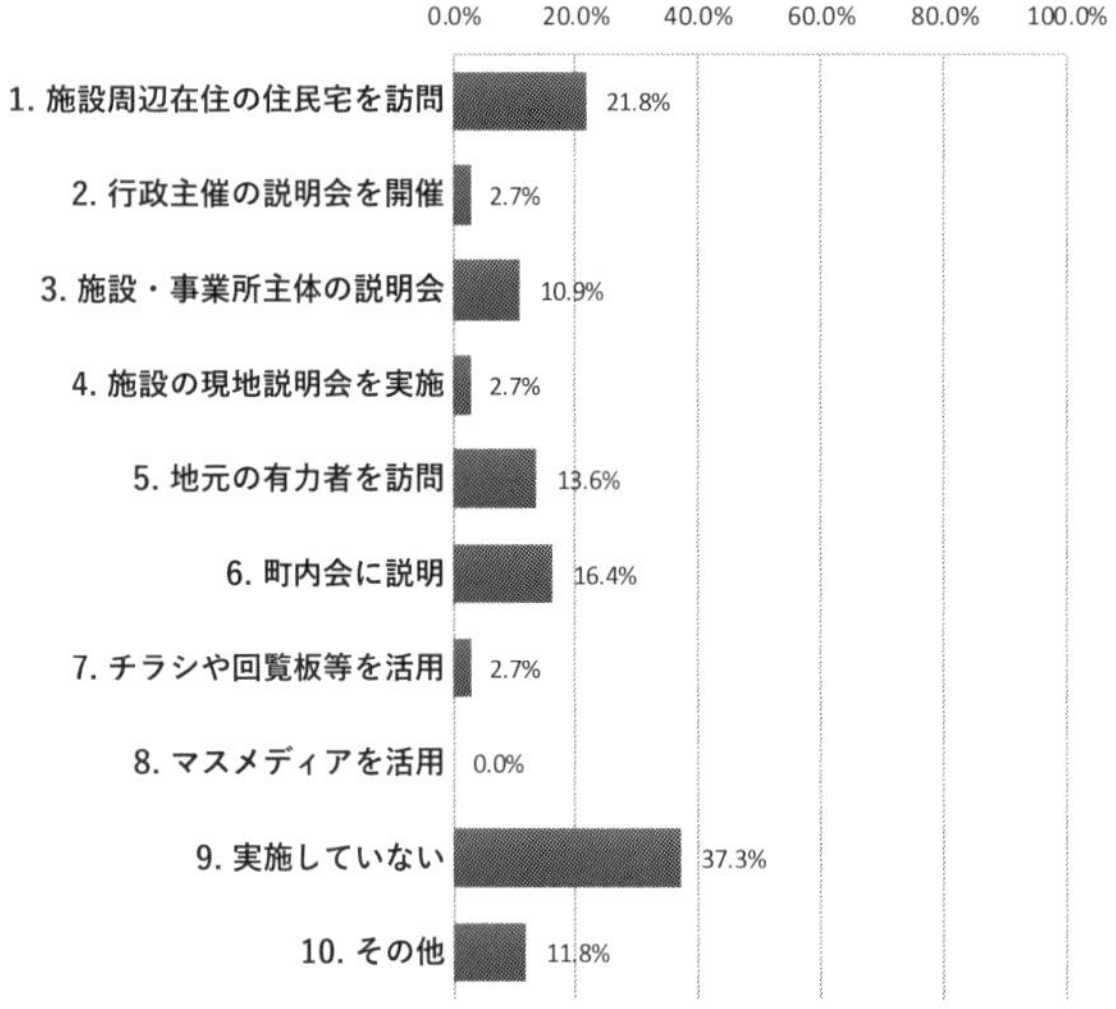

図2-12　説明の方法（複数回答）

	件数	割合
1. 徒歩 5 分圏内	19	79.2%
2. 徒歩 10 分圏内	1	4.2%
3. 徒歩 10 分以上	3	12.5%
無回答	1	4.2%
合計	24	100.0%

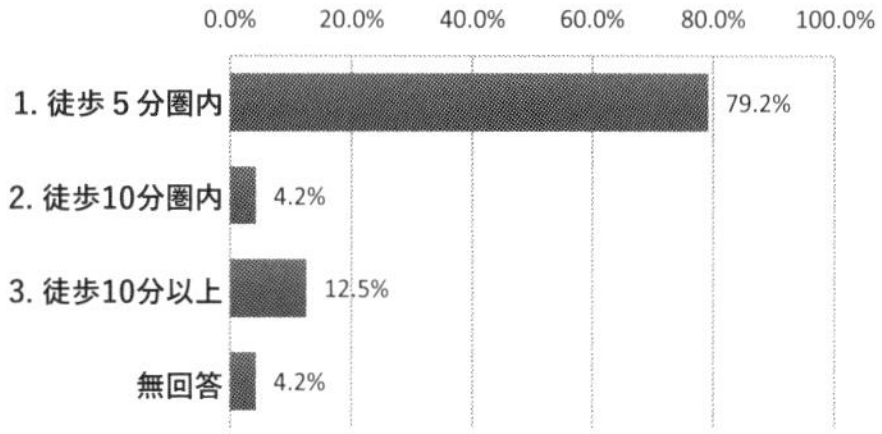

図 2-13　周辺とはどの程度か

※図 2-12 で「1. 施設周辺在住の住民宅を訪問」を選択した人

	件数	割合
1. 5 件未満	5	20.8%
2. 5 ～ 9 件	8	33.3%
3. 10 ～ 19 件	5	20.8%
4. 20 件以上	2	8.3%
無回答	4	16.7%
合計	24	100.0%

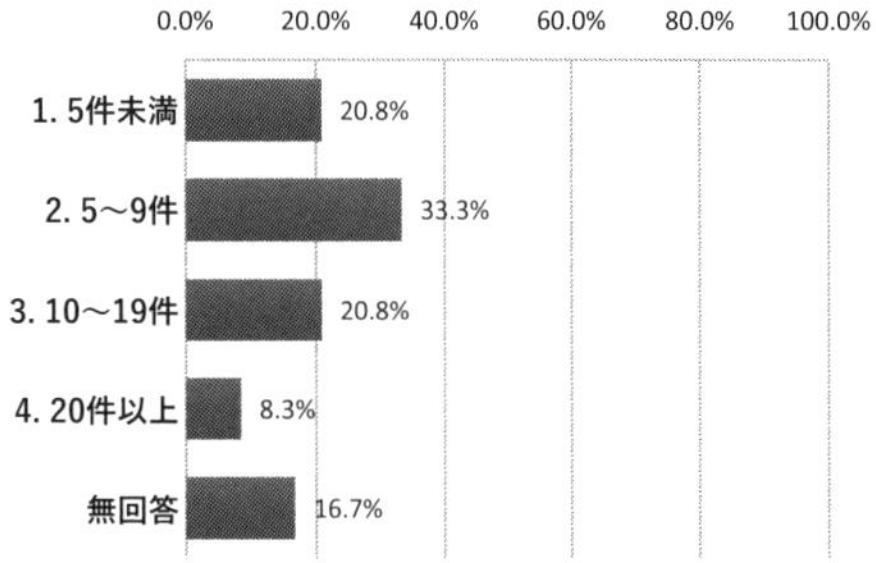

図 2-14　何件くらい訪問するか

※図 2-12 で「1. 施設周辺在住の住民宅を訪問」を選択した人

施設・事業所等に対する地域住民からの苦情や反対運動を経験した割合は一一・八%（「苦情があった」一〇・〇%、「反対運動があった」一・八%）で、全体の約一割である。（図2-15）二〇一〇年調査でも割合は同様で一割程度であった。一〇年経過しても施設コンフリクトの発生割合に変化は見られない。

	件数	割合
1. 苦情や反対運動はなかった	84	76.4%
2. 苦情があった	11	10.0%
3. 反対運動があった	2	1.8%
無回答	13	11.8%
合計	110	100.0%

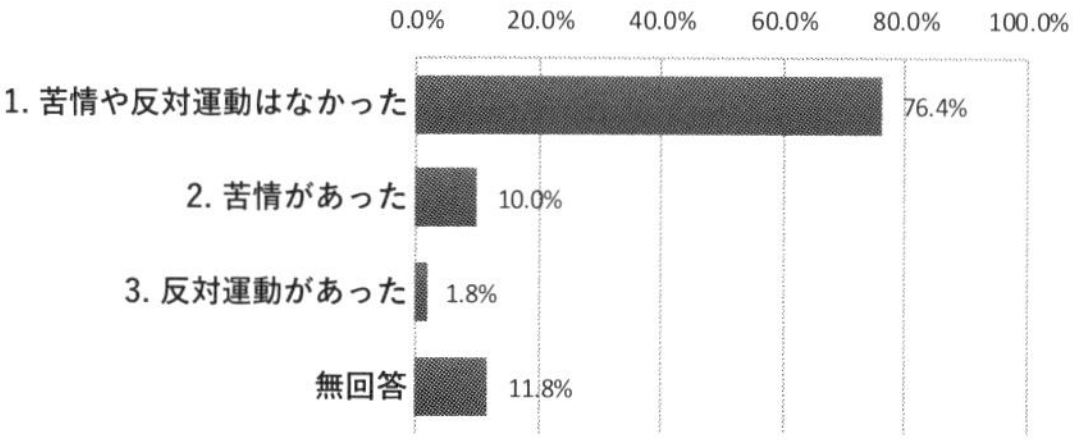

図 2-15　施設に対する地域住民からの苦情や反対運動等

施設コンフリクト発生の時期は、「施設・事業所等開所以前」が六九・二％で最多である。次いで「施設・事業所等開所直後」並びに「施設・事業所等開所後、一年経ってから」がどちらも一五・四％であった。（図2-16）

	件数	割合
1. 施設・事業所等開所以前	9	69.2%
2. 施設・事業所等開所直後	2	15.4%
3. 施設・事業所等開所後、半年経ってから	0	0.0%
4. 施設・事業所等開所後、1 年経ってから	2	15.4%
5. 施設・事業所等開所後、2 年経ってから	0	0.0%
6. 施設・事業所等開所後、3 年経ってから	0	0.0%
7. 施設・事業所等開所後、4 年経ってから	0	0.0%
8. 施設・事業所等開所後、5 年以上経ってから	0	0.0%
9. 時期は関係なく、繰り返しある	0	0.0%
10. その他	0	0.0%
全体	13	

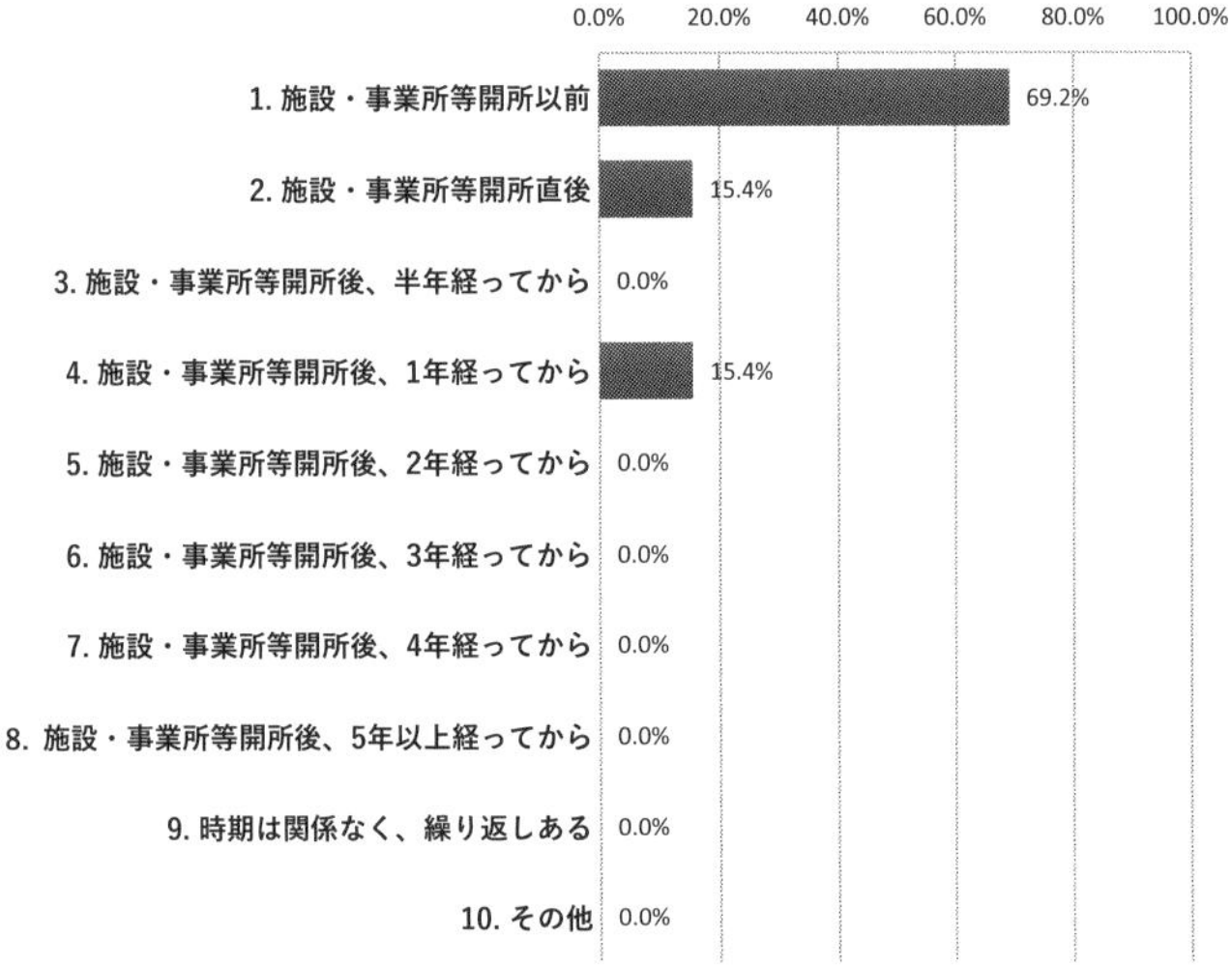

図 2-16　地域住民からの苦情や反対運動があった時期（複数回答）

※図 2-15 で 2. もしくは 3. に該当する場合

住民が施設・事業所等の開所に反対する理由は、「施設及び施設利用者への危険視や不安」はすべての施設コンフリクト経験施設・事業所が理由としてあげている。次いで「治安上の不安」四六・二%、「説明などの手続きが不十分」三〇・八%である。（図2-17）

	件数	割合
1. 施設及び施設利用者への危険視や不安	13	100.0%
2. 治安上の不安	6	46.2%
3. 住環境の悪化	3	23.1%
4. 町のイメージダウンにつながる	2	15.4%
5. 不動産価値が下がる	3	23.1%
6. 事前了解をとっていない	3	23.1%
7. 説明などの手続きが不十分	4	30.8%
8. その他	0	0.0%
全体	13	

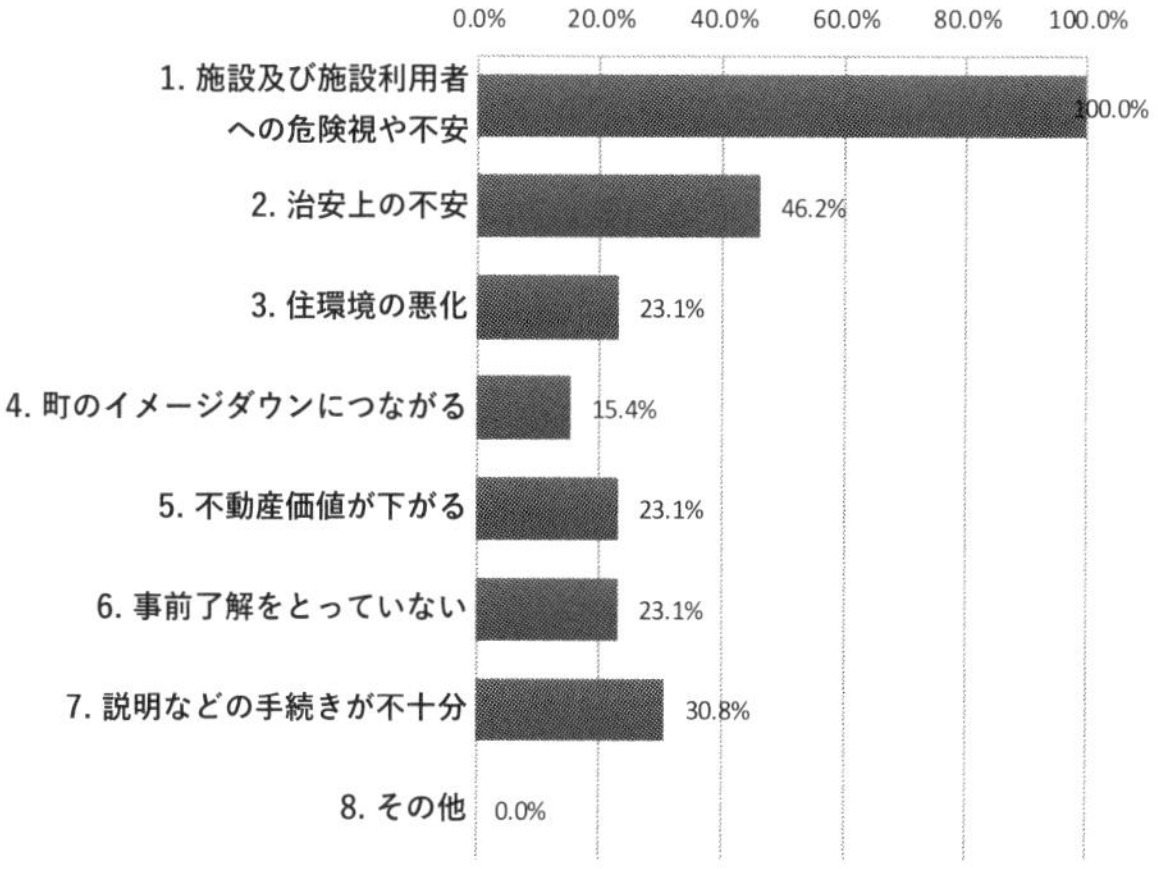

図2-17　苦情や反対の理由（複数回答）

施設コンフリクトへの施設・事業者側の対応は、「仲介者による仲介」七六・九％、「施設の理事長及び施設長が説明を行った」六一・五％、「説明会の開催」五三・八％の順である。（図2-18）仲介者の内訳をみると、行政七〇％、自治会長または町内会長六〇％であり、仲介者のほとんどをこの二者が務めている。（図2-19）

	件数	割合
1. 説明会の開催	7	53.8%
2. 施設運営への住民参加	2	15.4%
3. 施設の理事長及び施設長が説明を行った	8	61.5%
4. 施設職員が説明を行った	4	30.8%
5. 仲介者による介入	10	76.9%
6. チラシ等を活用した広報活動	2	15.4%
7. マスコミが取り上げた	0	0.0%
8. 特に何も対応はしなかった	0	0.0%
9. その他	2	15.4%
全体	13	

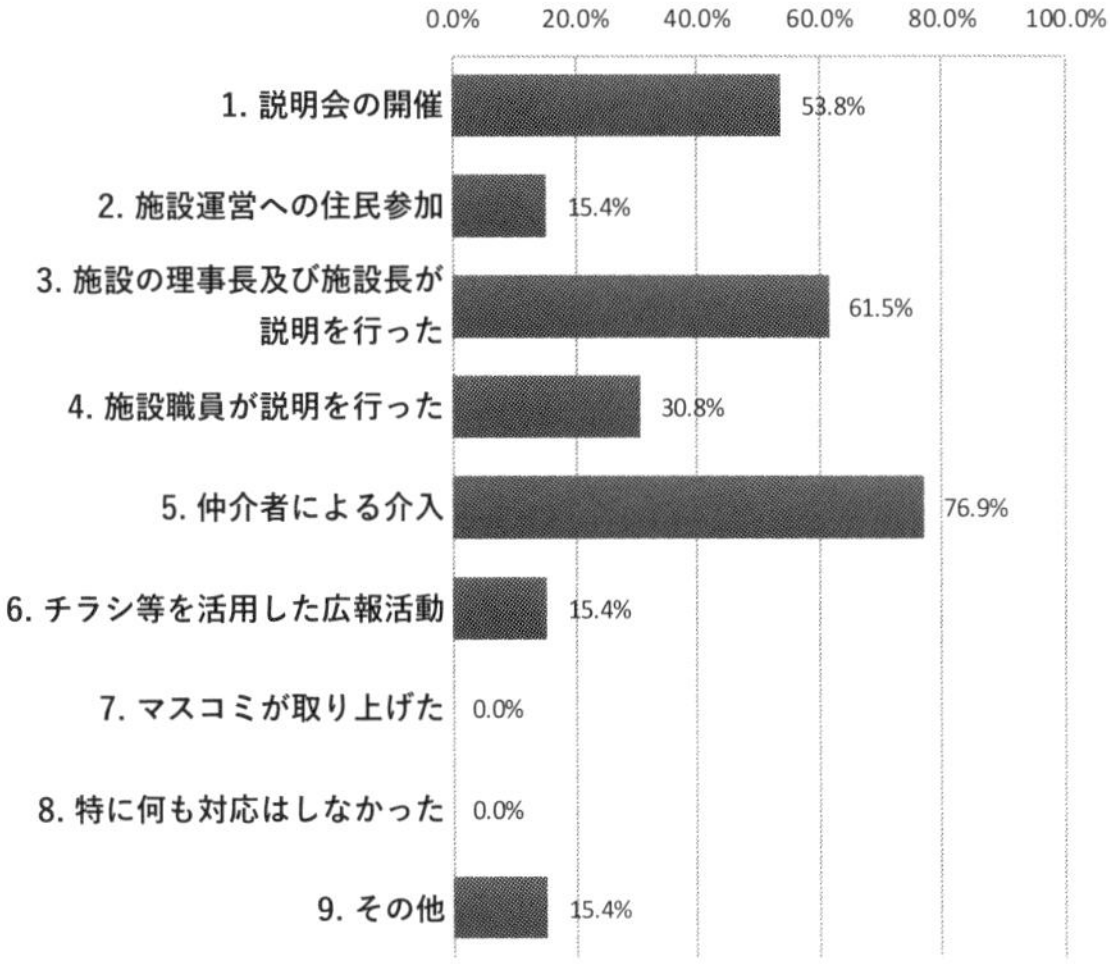

図 2-18　苦情や反対運動への対応（複数回答）

	件数	割合
1. 行政	7	70.0%
2. 自治会長または町内会長	6	60.0%
3. 自治会または町内会の人 ((2) 以外)	2	20.0%
4. 町の有力者	1	10.0%
5. 関係者	1	10.0%
6. その他	1	10.0%
全体	10	

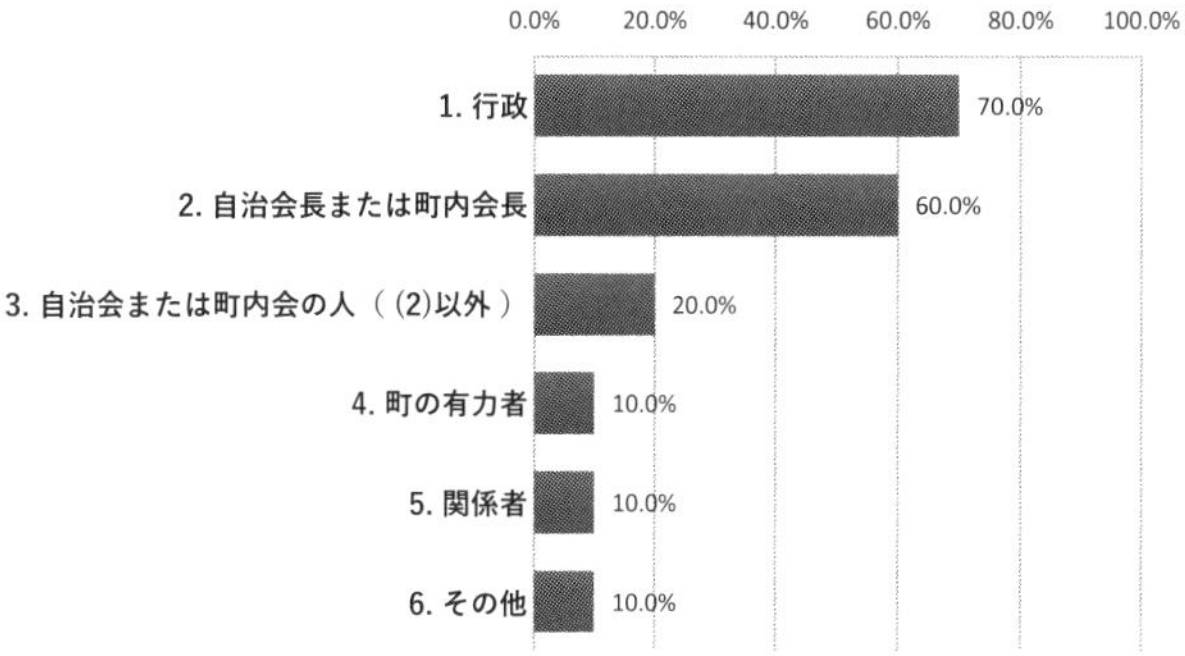

図 2-19　仲介者による介入の内容（複数回答）

※図 2-18 で 5. を選択した場合

施設コンフリクトへの対応の結果、「予定通り施設・事業所等を開所」した割合は七六・九％である。「地域住民から出された交換条件を受け入れた」「施設設計の変更」「事業運営内容の変更」を行った施設・事業所等も確認された。（図2‐20）

	件数	割合
1. 予定通り施設・事業所等を開所	10	76.9%
2. 施設開所場所の変更	0	0.0%
3. 施設設計の変更	2	15.4%
4. 施設開所時期の延期	0	0.0%
5. 事業運営内容の変更	1	7.7%
6. 地域住民が施設を利用できる場所の確保および追加	0	0.0%
7. 和解金の支払い	0	0.0%
8. 地域住民から出された交換条件を受入れた	3	23.1%
9. その他	3	23.1%
全体	13	

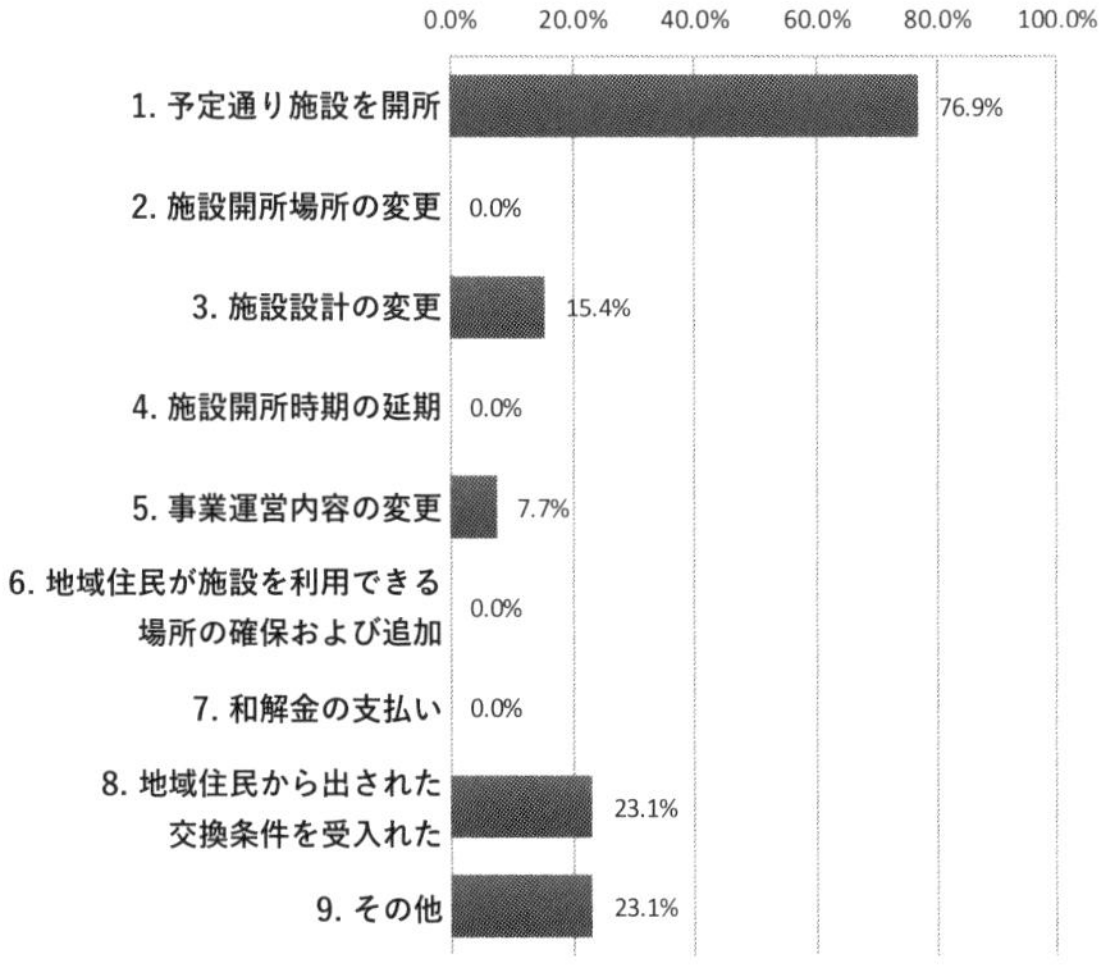

図 2‐20　苦情や反対運動への対応の結果（複数回答）

地域との現在の関係性については、「施設・事業所等や利用者について理解してもらえている」との回答が六七・三％と最も高く、「相互に援助し合い、うまくいっている」が四一・八％、「地域に貢献している」三八・二％、「地域からの援助を受けることが多い」三〇・九％であり、地域と良好な関係性を構築していると考える施設・事業所等が多いものの、「相互不干渉、関係はない」とする施設・事業所等も二三・六％みられ、いまだに苦情を持ち込まれる施設・事業所等も四・五％あった。（図2-21）

	件数	割合
1. 相互に援助し合い、うまくいっている	46	41.8%
2. 施設・事業所等や施設利用者について理解してもらえている	74	67.3%
3. 地域からの援助をうけることが多い	34	30.9%
4. 地域に貢献している	42	38.2%
5. 相互不干渉、関係はない	26	23.6%
6. 苦情を持ち込まれることが多い	5	4.5%
7. 関係悪化により、話し合いの成立が困難な状態	0	0.0%
8. 立ち退きを迫られている	0	0.0%
9. 法律問題に発展している	0	0.0%
10. その他	11	10.0%
全体	110	

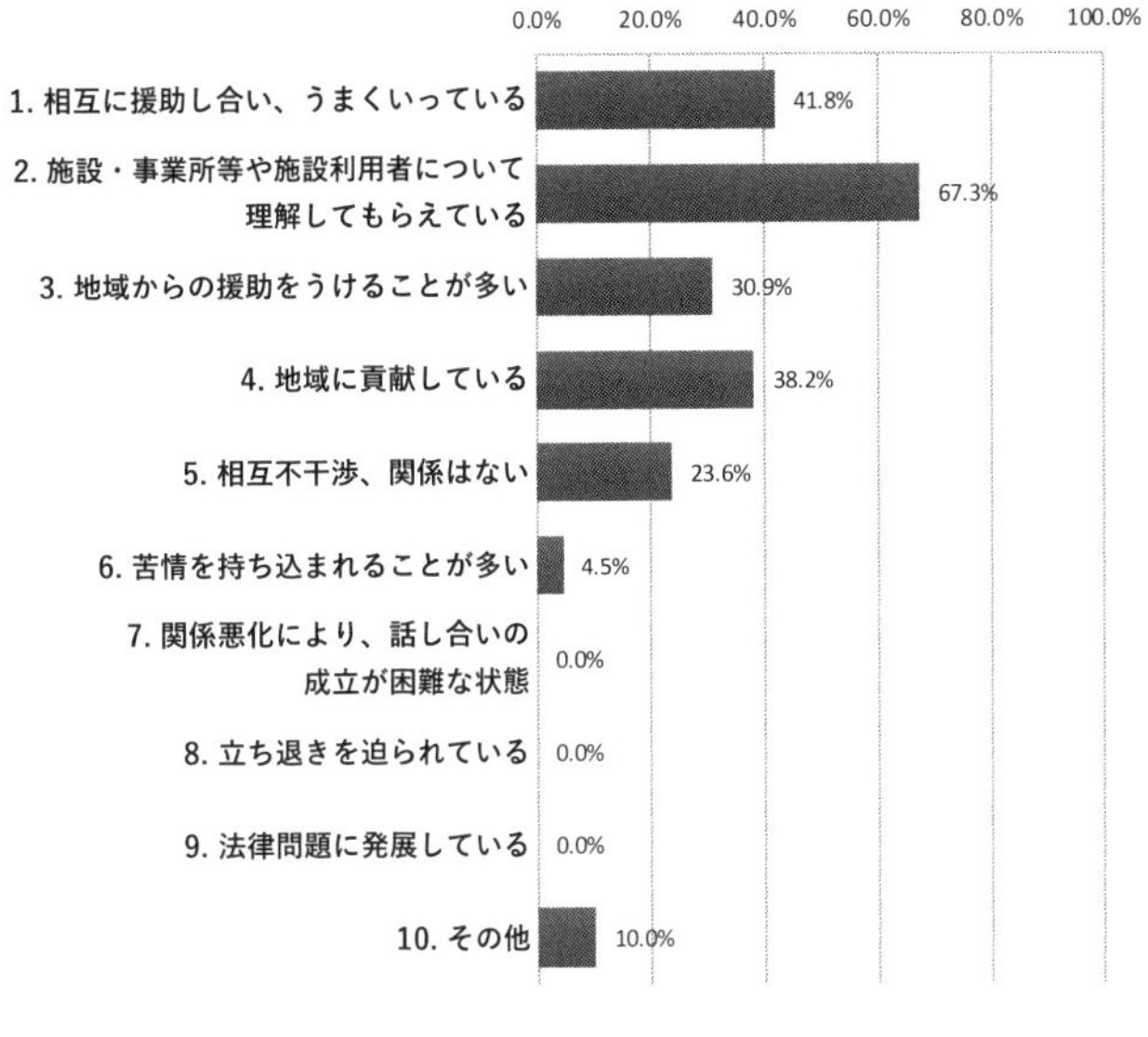

図2-21　施設と地域との現在の関係（複数回答）

二〇一〇年及び二〇二〇年の調査結果からは、施設コンフリクトを乗り越えたことにより施設や精神障害者への「理解」が深まることよりも、地域に新たな「相互に援助し合あう」ことのできる社会的資本が存在し、さらに、社会的資本を中心とした人と人との相互支援の可能性が示唆される。つまり、二〇〇〇年以降にみられる施設コンフリクト発生から合意形成に至るまでのプロセスでは、施設コンフリクト発生の結果、発生以前には見られなかった地域住民と施設との関係性が形成される可能性がある。さらに、一度形成された関係性は、その後トラブルなどが発生したとしても、崩壊する可能性はきわめて低いことも指摘したい。

従来の施設建設におけるコンフリクトでは、施設関係者が地域住民に対応し、精神障害者および精神障害者施設への「理解」を得ることにより、人々の抱く「障害者観」を変えるための取り組みに注目が集まっていたが、施設コンフリクト解消のための糸口としての仲介者の役割はきわめて重要であり、また、仲介者としては行政など人々に中立的であると認識される者の介入が有効であるといえる。二〇〇〇年代以降は、「障害者観」を変えるための取り組みを重視するのではなく、施設建設後の両者の関係性を構築することに重きを置くという特徴がみられ、このことは、当事者である「施設」と「地域住民」との新たな関係性の構築による合意形成のあり方が重要視されるようになったことを意味している。

第3章　「障害者」をめぐる意識

1. 精神障害者に対する住民意識

精神障害者に対する住民意識を扱った調査・研究結果について、まず、一九七一(昭和四六)年に内閣官房広報室が実施した調査がある。調査項目のうち、精神障害者へのイメージに関する項目では、精神障害者を「恐ろしい」と感じる人は一六%で、大部分は「気の毒だ、かわいそうだ」(六九%)と回答している。また、同調査では、「精神病にかかった人が治った場合、その人を社会人として信用できるか」という問いもあり、それに対しては「信用できる」と回答した人が三五%、「信用できない」と回答した人が二五%、「一概に言えない」と回答した人が三三%である。

次に、一九八三(昭和五八)年に宗像恒次らが東京都で実施した調査結果をみると、「精神病院の患者を厳しい実社会にさらすより病院内で一生苦労なく過ごさせる方がよい」との問いに、約半数がどちらとも言えないと回答している。また、「幻聴・妄想のある人でも、病院に入院しないで社会生活を送れる人も多い」との問いには、「そう思う」と「そう思わない」がほぼ同じ割合を占めており、「どちらとも言えない」と回答した人は四三％である。

一九九七（平成九）年に全国精神障害者家族会連合会が実施した、「精神病・精神障害者に関する国民意識と社会理解促進に関する調査研究」では、統合失調症について少しでも知っていると回答した人の割合は五九・六％であった。また、精神障害者（精神病者）のイメージに関する問いでは、「変わっている」と回答した人が三六・六％、「暗い」と回答した人が二一・七％、「怖い」と回答した人が三四・一％であった。さらに、最初に抱いた精神障害者（精神病者）へのイメージがその後に変化したかという問いには、「変わっていない」と回答した人が六六・五％に上っている。精神障害に関するイメージでは、「誰でも精神障害者になる可能性がある」と回答した人が五一・七％、「病状の悪い時以外は社会人として行動がとれる」と回答した人が三八・一％である一方、「アパートを借りて生活するのは心配」と回答した人が五五・一％であった。また、精神障害者がアパート生活を始めるためにはどのような条件がそろえばよいと思うかという問いに対しては、「本人が定期的に病院へ受診する」と回答した人が五三・八％、「障害者たちの通う作業所に通所したり本人が社会復帰の努力をしている」と回答した人が四一・七％、「本人の状態が悪くなったときの専門的な援助」

と回答した人が四九・一％、「本人との付き合いで困った時に大家や近隣が相談できる体制がある」と回答した人が四一・一％である。さらに、精神障害者が必要な条件をそろえて隣に引っ越してきた場合、どのような近所付き合いをするかという問いには、「困っている時はできるだけ手を貸す」と回答した人が二八・九％、「他の人と同じような近所付き合い」と回答した人が五〇・一％であった。そして、統合失調症の原因に関する問いに対しては、「神経質な性格」と回答した人が四九・三％、「人間関係のつまずき」と回答した人が六九・六％、「競争社会のゆがみ」と回答した人が三三・九％であった。

二〇〇七(平成一九)年に住民を対象に実施された谷岡らによる調査では、まず始めに、精神病(精神障害)を持つ人についての理解の程度を問うている。「知っている」と回答した人の割合は、「うつ病・そううつ病」七七・八％、「統合失調症」六〇・八％、「神経症・ノイローゼ」七〇・三％、「アルコール依存症」七六・八％、「それ以外の精神的な病気」二九％となっている。精神障害者との出会いの経験については、「精神障害をもつと思われる人を見かけたり、出会ったりしたことがあるか」との問いに、全体で六五・五％の人が「出会っている」と回答している。また、精神障害者のイメージについては、「変わっている」と回答した人が一九・九％、「怖い」と回答した人が一五・八％、「気をつかう」と回答した人が一一・〇％、「気が変わる」と回答した人が一〇・九％、「暗い」と回答した人が一〇・三％であった。また、精神障害者への意識を年齢で比較した場合、否定的な態度は特に年配者に多く、関心の無さと知識の不足がそれを増加させるが、子どもの時の否定的な態度は知識の不足とは関係ないとしている。さらに、高年者になるほど精神障害者の一人暮らしには消極的で、「病院の中で管理して欲しい」という考えが六〇歳代では九〇％以上を占めている。これに反して若年者の方が精神障害者への理解度は高く、接触体験を望んでいることを示唆している。

二〇〇三（平成一五）年に矢島らが群馬県北部の住民を対象に実施した調査では、「心の病気を持つ人のことをどのように思うか」という問いに対し、「気の毒だ・かわいそうだと思う」と回答した人が五六・八％で最も多く、以下、「普通の人と変わらないと思う」と回答した人が三六・五％、「特に何も感じない」と回答した人が一一・九％、「怖い・恐ろしいと思う」と回答した人が一〇・七％であった。さらに、矢島らはこれらの結果を心の病気を持つ人との接触体験の有無で比較をしているが、有意差が見られた回答は「特に何も感じない」の一項目のみであった。また、心の病気を持つ人とともに地域で生活することに対する考えとして、「心の病気を持つ人であっても普通につきあえると思うか」という問いに対して、「そう思う」と回答した人は四二・三％、「そう思わない」と回答した人は六・六％、「わからない」と回答した人は五一・一％である。心の病気を持つ人との接触体験による比較では、「そう思う」と答えた人が家族群で五六・六％、知人群で四〇・四％、未接触群で三五・二％であった。「心の病気を持つ人であっても普通に社会生活は営めると思うか」という問いに対して、「そう思う」と回答した人は三五・六％、「そう思わない」と回答した人は一六・五％、「わからない」と回答した人は四七・九％である。さらに、「家族に心の病気を持った人がいたとしたら隠すと思うか」という問いには、「そう思う」と回答した人は九・〇％、「そう思わない」と回答した人は三四・七％、「わからない」と回答した人は五六・二％であり、心の病気を持つ人との接触体験による比較では、「そう思う」と回答した人が家族群で一四・三％、知人群で四・四％、未接触群で八・〇％となっている。

精神保健福祉対策に関する周知状況に関する項目では、ホームヘルプサービスが六六・七％、デイケアが五〇・二％、ショートステイが四三・七％、保健師の家庭訪問が三八・九％、経済的支援が三七・三％であり、精神保健対策に関してある程度は理解されていることがわかる。また、施設コンフリクトに関連する質問として「あなたの住んでいる地域に小規模作業所がつくられるとしたらどう思うか」という問いに対しては、「是非つくるべきである」と回答した人は一八・一％、「つくっても問題ないと思う」と回答した人は四八・六％、「好ましくないと思う」と回答した人は〇・九％であり、心の病気を持つ人との接触体験の有無による比較では回答に差はみられなかった。

2. 市民意識調査

前章の施設・事業所等への調査からは、住民が施設・事業所等の開所に反対する理由は、「施設及び施設利用者への危険視や不安」、「治安上の不安」が主なものであることがわかった。では、市民側は障害者施設・

事業所に対してどのような意識を抱いているのであろうか。

筆者は、二〇二一年八月~九月にかけて、日本、スウェーデン、アメリカ、中国、インド、イギリス、台湾を対象に、一〇代~六〇代の計四、〇九五名(日本五七二名、スウェーデン五七〇名、アメリカ五七五名、中国五九三名、インド六二八名、イギリス五七四名、台湾五八三名)に市民意識調査を実施した。障害者施設に関する結果を以下に示す。

[身体障害者施設]

身体障害者施設が建設されると仮定した場合、賛成するかまたは反対するかを、圏域ごとに問うたものである。生活圏外に比べると、生活圏内に建設される場合の方が「賛成する」と回答した割合は高くなり、「反対する」の割合は低くなっているが、自宅の隣になると賛成の割合は下がり、反対の割合は高くなっている。

他国との比較では、圏域すべてにおいて賛成の割合は日本が最も低い結果(生活圏内はイギリスも日本も同じ割合)となった。反対の割合は、生活圏外では台湾、中国が高い割合を示しており、生活圏内ではイギリス、インドが、自宅の隣では、日本、アメリカの順で反対の割合が高くなっている。また、すべての圏域において「どちらともいえない」と回答した割合は日本が最も高くなっている。(図3-1)

〈生活圏外〉

あなたは身体障害者施設・事業所等が居住する生活圏外に建設されることについてどのように思いますか。	日本	スウェーデン	アメリカ	中国	インド	イギリス	台湾
賛成する	37.1 (212)	79.3 (452)	62.4 (359)	59.7 (354)	72.9 (458)	54.0 (310)	41.0 (239)
反対する	10.1 (58)	4.2 (24)	6.4 (37)	18.7 (111)	8.1 (51)	6.8 (39)	24.2 (141)
どちらともいえない	52.8 (302)	16.5 (94)	31.1 (179)	21.6 (128)	18.9 (119)	39.2 (225)	34.8 (203)

（数字は％、（ ）は人数を示す）

〈生活圏内〉

あなたは身体障害者施設・事業所等が居住する生活圏内に建設されることについてどのように思いますか。	日本	スウェーデン	アメリカ	中国	インド	イギリス	台湾
賛成する	44.6 (255)	77.4 (441)	54.4 (313)	77.4 (459)	68.5 (430)	44.6 (256)	60.7 (354)
反対する	7.9 (45)	5.3 (30)	9.7 (56)	7.6 (45)	10.8 (68)	13.4 (77)	4.3 (25)
どちらともいえない	47.6 (272)	17.4 (99)	35.8 (206)	15.0 (89)	20.7 (130)	42.0 (241)	35.0 (204)

（数字は％、（ ）は人数を示す）

〈自宅の隣〉

あなたは身体障害者施設・事業所等が自宅の隣に建設されることについてどのように思いますか	日本	スウェーデン	アメリカ	中国	インド	イギリス	台湾
賛成する	33.4 (191)	62.5 (356)	52.2 (300)	65.1 (386)	69.6 (437)	46.5 (267)	47.3 (276)
反対する	15.7 (90)	9.8 (56)	13.4 (77)	9.9 (59)	11.8 (74)	12.7 (73)	5.8 (34)
どちらともいえない	50.9 (291)	27.7 (158)	34.4 (198)	25.0 (148)	18.6 (117)	40.8 (234)	46.8 (273)

（数字は％、（ ）は人数を示す）

図 3-1　身体障害者施設への意識

［知的障害者施設］

知的障害者施設が建設されると仮定した場合、賛成するかまたは反対するかを、圏域ごとに問うたものである。身体障害者施設と同様に、生活圏外に比べ生活圏内に建設される場合の方が「賛成する」と回答した割合は高くなっているが、「反対する」の割合も生活圏内の方が高くなっている点は、身体障害者施設とは異なる点である。自宅の隣になると賛成の割合は下がり、反対の割合は高くなる。

他国との比較では、生活圏内及び自宅の隣での賛成の割合は日本が最も低い結果（生活圏外は台湾が日本より〇・四ポイント低い）である。反対の割合は、生活圏外では中国、台湾が高い割合を示しており、生活圏内では、中国、インド、イギリスが、自宅の隣では、日本、中国、スウェーデンの順で反対の割合が高くなっている。また、身体障害者施設同様に、すべての圏域において「どちらともいえない」と回答した割合は日本が最も高くなっている。（図3－2）

〈生活圏外〉

あなたは知的障害者施設・事業所等が居住する生活圏外に建設されることについてどのように思いますか。	日本	スウェーデン	アメリカ	中国	インド	イギリス	台湾
賛成する	37.6 (215)	71.2 (406)	59.7 (343)	52.6 (312)	73.7 (463)	56.3 (323)	37.2 (217)
反対する	9.6 (55)	6.5 (37)	8.7 (50)	20.9 (124)	9.2 (58)	7.5 (43)	14.6 (85)
どちらともいえない	52.8 (302)	22.3 (127)	31.7 (182)	26.5 (157)	17.0 (107)	36.2 (208)	48.2 (281)

（数字は%、( )は人数を示す）

〈生活圏内〉

あなたは知的障害者施設・事業所等が居住する生活圏内に建設されることについてどのように思いますか。	日本	スウェーデン	アメリカ	中国	インド	イギリス	台湾
賛成する	39.5 (226)	68.4 (390)	54.6 (314)	63.2 (375)	66.6 (418)	47.2 (271)	44.9 (262)
反対する	11.5 (66)	9.1 (52)	10.1 (58)	13.5 (80)	11.5 (72)	11.3 (65)	9.8 (57)
どちらともいえない	49.0 (280)	22.5 (128)	35.3 (203)	23.3 (138)	22.0 (138)	41.5 (238)	45.3 (264)

（数字は%、( )は人数を示す）

〈自宅の隣〉

あなたは知的障害者施設・事業所等が自宅の隣に建設されることについてどのように思いますか	日本	スウェーデン	アメリカ	中国	インド	イギリス	台湾
賛成する	28.3 (162)	54.7 (312)	54.6 (314)	56.0 (332)	71.3 (448)	49.7 (285)	39.5 (230)
反対する	22.0 (126)	16.1 (92)	11.8 (68)	16.4 (97)	9.2 (58)	9.2 (53)	11.7 (68)
どちらともいえない	49.7 (284)	29.1 (166)	33.6 (193)	27.7 (164)	19.4 (122)	41.1 (236)	48.9 (285)

（数字は%、( )は人数を示す）

図3-2　知的障害者施設への意識

【精神障害者施設】

精神障害者施設が建設されると仮定した場合、賛成するかまたは反対するかを、圏域ごとに問うたものである。身体障害者施設、知的障害者施設とは異なり、施設が建設される場所が自宅から近くなるに伴い、賛成するの割合は下がり、反対するの割合は高くなる。

他国との比較では、生活圏外及び自宅の隣での賛成の割合は日本が最も低い結果である。反対の割合は、生活圏外では中国、台湾、日本が高い割合を示しており、生活圏内では、中国、台湾、日本が、自宅の隣でも、中国、台湾、日本の順で反対の割合が高くなっている。また、身体障害者施設、知的障害者施設と同様に、すべての圏域において「どちらともいえない」と回答した割合は日本が最も高い。（図3-3）

〈生活圏外〉

あなたは精神障害者施設・事業所等が居住する生活圏外に建設されることについてどのように思いますか。	日本	スウェーデン	アメリカ	中国	インド	イギリス	台湾
賛成する	36.4 (208)	66.8 (381)	59.5 (342)	61.6 (365)	71.5 (449)	52.4 (301)	42.5 (248)
反対する	13.5 (77)	9.3 (53)	12.2 (70)	20.4 (121)	11.1 (70)	9.9 (57)	13.7 (80)
どちらともいえない	50.2 (287)	23.9 (136)	28.3 (163)	18.0 (107)	17.4 (109)	37.6 (216)	43.7 (255)

（数字は％、( ) は人数を示す）

〈生活圏内〉

あなたは精神障害者施設・事業所等が居住する生活圏内に建設されることについてどのように思いますか。	日本	スウェーデン	アメリカ	中国	インド	イギリス	台湾
賛成する	32.0 (183)	58.1 (331)	46.8 (269)	33.6 (199)	57.5 (361)	44.4 (255)	30.5 (178)
反対する	21.0 (120)	15.1 (86)	20.3 (117)	47.7 (283)	20.2 (127)	14.3 (82)	28.3 (165)
どちらともいえない	47.0 (269)	26.8 (153)	32.9 (189)	18.7 (111)	22.3 (140)	41.3 (237)	41.2 (240)

（数字は％、( ) は人数を示す）

〈自宅の隣〉

あなたは精神障害者施設・事業所等が自宅の隣に建設されることについてどのように思いますか	日本	スウェーデン	アメリカ	中国	インド	イギリス	台湾
賛成する	22.6 (129)	44.6 (254)	45.4 (261)	28.7 (170)	61.6 (387)	42.9 (246)	25.7 (150)
反対する	32.3 (185)	24.4 (139)	21.2 (122)	50.4 (299)	17.5 (110)	16.9 (97)	35.8 (209)
どちらともいえない	45.1 (258)	31.1 (177)	33.4 (192)	20.9 (124)	20.9 (131)	40.2 (231)	38.4 (224)

（数字は％、( ) は人数を示す）

図 3-3　精神障害者施設への意識

【反対する理由】

それぞれの施設に「反対する」と回答した人に対し、反対理由について回答を求めた結果を示したものである。すべてにおいて「障害者施設及び施設利用者への危険視や不安」と「治安上の不安」の割合が高く、「住環境の悪化」が続く。また、「説明などの手続きが不十分」を選択する割合も高く、住民が理解し納得できるような手続きを求めていることもわかる。他国においても、反対の理由は日本と同様の傾向がみられる。（図3-4、図3-5、図3-6）

インド	イギリス	台湾
54.9(28)	33.3(13)	40.4(57)
23.5(12)	20.5(8)	12.8(18)
23.5(12)	15.4(6)	15.6(22)
17.6(9)	10.3(4)	10.6(15)
19.6(10)	7.7(3)	9.9(14)
21.6(11)	12.8(5)	23.4(33)
33.3(17)	41.0(16)	29.8(42)
9.8(5)	20.5(8)	16.3(23)
35.3(24)	28.6(22)	60.0(15)
41.2(28)	18.2(14)	32.0(8)
17.6(12)	23.4(18)	16.0(4)
16.2(11)	14.3(11)	20.0(5)
19.1(13)	16.9(13)	12.0(3)
22.1(15)	19.5(15)	32.0(8)
35.3(24)	36.4(28)	16.0(4)
8.8(6)	32.5(25)	8.0(2)
45.9(34)	24.7(18)	35.3(12)
47.3(35)	17.8(13)	32.4(11)
28.4(21)	23.3(17)	29.4(10)
27.0(20)	20.5(15)	23.5(8)
23.0(17)	19.2(14)	32.4(11)
32.4(24)	15.1(11)	41.2(14)
37.8(28)	28.8(21)	38.2(13)
8.1(6)	24.7(18)	8.8(3)

（数字は%、( )は人数を示す）

あなたが前問で「反対する」と回答した理由は？	日本	スウェーデン	アメリカ	中国
身体障害者施設・事業所等が居住する生活圏外に建設されることについて反対する				
障害者施設及び施設利用者への危険視や不安	50.0 (29)	50.0 (12)	51.4 (19)	68.5 (76)
治安上の不安	25.9 (15)	37.5 (9)	27.0 (10)	30.6 (34)
住環境の悪化	17.2 (10)	41.7 (10)	24.3 (9)	18.9 (21)
町のイメージダウンにつながる	22.4 (13)	29.2 (7)	18.9 (7)	14.4 (16)
不動産価値が下がる	10.3 (6)	37.5 (9)	18.9 (7)	9.0 (10)
事前了解をとっていない	10.3 (6)	25.0 (6)	27.0 (10)	14.4 (16)
説明などの手続きが不十分	22.4 (13)	29.2 (7)	45.9 (17)	17.1 (19)
その他	25.9 (15)	29.2 (7)	24.3 (9)	10.8 (12)
身体障害者施設・事業所等が居住する生活圏内に建設されることについて反対する				
障害者施設及び施設利用者への危険視や不安	55.6 (25)	33.3 (10)	37.5 (21)	31.1 (14)
治安上の不安	44.4 (20)	50.0 (15)	23.2 (13)	24.4 (11)
住環境の悪化	37.8 (17)	46.7 (14)	25.0 (14)	22.2 (10)
町のイメージダウンにつながる	35.6 (16)	46.7 (14)	25.0 (14)	11.1 (5)
不動産価値が下がる	26.7 (12)	46.7 (14)	19.6 (11)	11.1 (5)
事前了解をとっていない	17.8 (8)	40.0 (12)	21.4 (12)	20.0 (9)
説明などの手続きが不十分	31.1 (14)	13.3 (4)	26.8 (15)	20.0 (9)
その他	6.7 (3)	26.7 (8)	23.2 (13)	6.7 (3)
身体障害者施設・事業所等が自宅の隣に建設されることについて反対する				
障害者施設及び施設利用者への危険視や不安	56.7 (51)	10.7 (6)	35.1 (27)	40.7 (24)
治安上の不安	43.3 (39)	23.2 (13)	29.9 (23)	32.2 (19)
住環境の悪化	40.0 (36)	39.3 (22)	22.1 (17)	20.3 (12)
町のイメージダウンにつながる	26.7 (24)	21.4 (12)	18.2 (14)	11.9 (7)
不動産価値が下がる	14.4 (13)	37.5 (21)	31.2 (24)	13.6 (8)
事前了解をとっていない	24.4 (22)	21.4 (12)	16.9 (13)	39.0 (23)
説明などの手続きが不十分	30.0 (27)	14.3 (8)	19.5 (15)	15.3 (9)
その他	11.1 (10)	39.3 (22)	23.4 (18)	6.8 (4)

図 3-4　身体障害者施設　反対する理由

インド	イギリス	台湾
60.3 (35)	41.9 (18)	45.9 (39)
48.3 (28)	27.9 (12)	27.1 (23)
31.0 (18)	34.9 (15)	20.0 (17)
32.8 (19)	20.9 (9)	14.1 (12)
31.0 (18)	16.3 (7)	9.4 (8)
36.2 (21)	14.0 (6)	16.5 (14)
44.8 (26)	18.6 (8)	24.7 (21)
8.6 (5)	9.3 (4)	7.1 (6)
36.1 (26)	46.2 (30)	52.6 (30)
40.3 (29)	30.8 (20)	28.1 (16)
26.4 (19)	18.5 (12)	29.8 (17)
20.8 (15)	16.9 (11)	28.1 (16)
26.4 (19)	27.7 (18)	24.6 (14)
20.8 (15)	12.3 (8)	22.8 (13)
40.3 (29)	32.3 (21)	21.1 (12)
4.2 (3)	7.7 (5)	5.3 (3)
39.7 (23)	34.0 (18)	54.4 (37)
41.4 (24)	39.6 (21)	36.8 (25)
43.1 (25)	32.1 (17)	29.4 (20)
25.9 (15)	24.5 (13)	23.5 (16)
20.7 (12)	34.0 (18)	33.8 (23)
24.1 (14)	28.3 (15)	36.8 (25)
34.5 (20)	32.1 (17)	30.9 (21)
6.9 (4)	15.1 (8)	5.9 (4)

（数字は%、( )は人数を示す）

あなたが前問で「反対する」と回答した理由は？	日本	スウェーデン	アメリカ	中国
知的障害者施設・事業所等が居住する生活圏外に建設されることについて反対する				
障害者施設及び施設利用者への危険視や不安	54.5 (30)	51.4 (19)	50.0 (25)	59.7 (74)
治安上の不安	40.0 (22)	35.1 (13)	32.0 (16)	34.7 (43)
住環境の悪化	21.8 (12)	43.2 (16)	30.0 (15)	26.6 (33)
町のイメージダウンにつながる	20.0 (11)	27.0 (10)	22.0 (11)	11.3 (14)
不動産価値が下がる	12.7 (7)	29.7 (11)	20.0 (10)	18.5 (23)
事前了解をとっていない	10.9 (6)	43.2 (16)	14.0 (7)	18.5 (23)
説明などの手続きが不十分	25.5 (14)	29.7 (11)	39.0 (19)	16.1 (20)
その他	18.2 (10)	21.6 (8)	14.0 (7)	6.5 (8)
知的障害者施設・事業所等が居住する生活圏内に建設されることについて反対する				
障害者施設及び施設利用者への危険視や不安	59.1 (39)	32.7 (17)	41.4 (24)	33.8 (27)
治安上の不安	53.0 (35)	38.5 (20)	37.9 (22)	45.0 (36)
住環境の悪化	36.4 (24)	48.1 (25)	36.2 (21)	37.5 (30)
町のイメージダウンにつながる	25.8 (17)	38.5 (20)	17.2 (10)	23.8 (19)
不動産価値が下がる	18.2 (12)	42.3 (22)	31.0 (18)	12.5 (10)
事前了解をとっていない	21.2 (14)	13.5 (7)	27.6 (16)	26.3 (21)
説明などの手続きが不十分	25.8 (17)	17.3 (9)	25.9 (15)	8.8 (7)
その他	3.0 (2)	15.4 (8)	19.0 (11)	6.3 (5)
知的障害者施設・事業所等が自宅の隣に建設されることについて反対する				
障害者施設及び施設利用者への危険視や不安	61.9 (78)	17.4 (16)	35.3 (24)	46.4 (45)
治安上の不安	46.0 (58)	48.9 (45)	38.2 (26)	33.0 (32)
住環境の悪化	38.1 (48)	35.9 (33)	30.9 (21)	26.8 (26)
町のイメージダウンにつながる	17.5 (22)	15.2 (14)	23.5 (16)	26.8 (26)
不動産価値が下がる	17.5 (22)	34.8 (32)	38.2 (26)	23.7 (23)
事前了解をとっていない	27.0 (34)	12.0 (11)	25.0 (17)	25.8 (25)
説明などの手続きが不十分	31.0 (39)	20.7 (19)	26.5 (18)	16.5 (16)
その他	7.9 (10)	22.8 (21)	22.1 (15)	6.2 (6)

図 3-5　知的障害者施設　反対する理由

インド	イギリス	台湾
61.4 (43)	36.8 (21)	51.3 (41)
41.4 (29)	33.3 (19)	40.0 (32)
21.4 (15)	24.6 (14)	31.3 (25)
27.1 (19)	14.0 (8)	21.3 (17)
17.1 (12)	17.5 (10)	11.3 (9)
17.1 (12)	19.3 (11)	25.0 (20)
34.3 (24)	22.8 (13)	16.3 (13)
8.6 (6)	10.5 (6)	6.3 (5)
51.2 (65)	37.8 (31)	60.6 (100)
48.0 (61)	41.5 (34)	53.3 (88)
22.0 (28)	22.0 (18)	30.3 (50)
17.3 (22)	17.1 (14)	13.3 (22)
15.7 (20)	24.4 (20)	16.4 (27)
18.1 (23)	14.6 (12)	22.4 (37)
28.3 (36)	30.5 (25)	17.6 (29)
6.3 (8)	9.8 (8)	2.4 (4)
52.7 (58)	36.1 (35)	59.3 (124)
51.8 (57)	49.5 (48)	53.1 (111)
23.6 (26)	18.6 (18)	34.4 (72)
20.0 (22)	13.4 (13)	16.3 (34)
25.5 (28)	27.8 (27)	19.6 (41)
20.9 (23)	11.3 (11)	28.2 (59)
25.5 (28)	26.8 (26)	22.0 (46)
6.4 (7)	9.3 (9)	2.9 (6)

（数字は%、( ) は人数を示す）

あなたが前問で「反対する」と回答した理由は？	日本	スウェーデン	アメリカ	中国
精神障害者施設・事業所等が居住する生活圏外に建設されることについて反対する				
障害者施設及び施設利用者への危険視や不安	63.6(49)	52.8(28)	45.7(32)	46.3(56)
治安上の不安	45.5(35)	52.8(28)	38.6(27)	42.1(51)
住環境の悪化	26.0(20)	35.8(19)	22.9(16)	29.8(36)
町のイメージダウンにつながる	24.7(19)	26.4(14)	18.6(13)	19.0(23)
不動産価値が下がる	13.0(10)	24.5(13)	25.7(18)	18.2(22)
事前了解をとっていない	16.9(13)	18.9(10)	17.1(12)	21.5(26)
説明などの手続きが不十分	26.0(20)	18.9(10)	30.0(21)	14.9(18)
その他	9.1(7)	17.0(9)	11.4(8)	5.0(6)
精神障害者施設・事業所等が居住する生活圏内に建設されることについて反対する				
障害者施設及び施設利用者への危険視や不安	65.8(79)	51.2(44)	43.6(51)	52.3(148)
治安上の不安	68.3(82)	60.5(52)	64.1(75)	64.0(181)
住環境の悪化	43.3(52)	40.7(35)	29.9(35)	32.5(92)
町のイメージダウンにつながる	21.7(26)	20.9(18)	23.9(28)	26.5(75)
不動産価値が下がる	20.8(25)	31.4(27)	31.6(37)	19.8(56)
事前了解をとっていない	19.2(23)	11.6(10)	24.8(29)	24.4(69)
説明などの手続きが不十分	26.7(32)	14.0(12)	29.1(34)	17.3(49)
その他	4.2(5)	16.3(14)	9.4(11)	4.2(12)
精神障害者施設・事業所等が自宅の隣に建設されることについて反対する				
障害者施設及び施設利用者への危険視や不安	67.0(124)	39.6(55)	43.4(53)	51.5(154)
治安上の不安	58.4(108)	68.3(95)	64.8(79)	59.9(179)
住環境の悪化	34.6(64)	31.7(44)	25.4(31)	30.4(91)
町のイメージダウンにつながる	16.2(30)	13.7(19)	18.9(23)	18.7(56)
不動産価値が下がる	15.1(28)	25.2(35)	29.5(36)	14.7(44)
事前了解をとっていない	18.4(34)	10.8(15)	20.5(25)	24.1(72)
説明などの手続きが不十分	26.5(49)	15.1(21)	23.8(29)	14.0(42)
その他	4.9(9)	13.7(19)	11.5(14)	3.0(9)

図 3-6　精神障害者施設　反対する理由

日本では、いまだに精神障害者施設を含む社会福祉施設や児童相談所等を建設する際に地域住民からの反対運動が発生する。市民意識調査からは、人々のなかにどこの誰が利用するかわからない施設に対する不安感があり、不安なものを自身の生活圏から遠ざけたいとの動機により、障害者施設建設や運営をめぐるコンフリクトは起こることがわかる。

コンフリクトは、お互いを「理解」できないことから生じるものであり、コンフリクトを合意形成に導くためには、当事者間の理解を深めることが重要である。しかし、理解は信頼を醸成しコンフリクトが解消され合意形成に至った後に、時間をかけて構築されるものであるため、信頼を得ることを目的とした働きかけを、仲介者なども巻き込みながら地道に展開していくことが、コンフリクトの合意形成には有効であると考えられる。

引用・参考文献

Fisher, S., Ludin, J., Williams, S., Abdi, D. i., Smith, R. & Williams, S. (2000), Working with conflict: Skills and strategies for action, London: Zeb Books.

早野禎二（二〇〇五）、「精神障害者における就労の意義と就労支援の課題」、東海学園大学研究紀要（一〇）、二九―四三.

木下隆志（二〇一〇）、「勤労継続支援B型における就労支援のあり方について―個別就労支援ハンドブック作成過程から考察する―」関西国際大学研究紀要（一一）、二五―三四.

Likert, R. & Likert, J. G. (1976), New Ways of Managing Conflict.（三隅二不二監訳（一九八八）、『コンフリクトの行動科学―対立管理の新しいアプローチ―』、ダイヤモンド社）.

松本芳之（一九九七）、「社会的コンフリクトと集団の意思決定」、早稲田大学、一九九七年度博士論文.

米野史健（二〇〇六）、「特定非営利活動法人による既存建物を活用した住宅供給の活動事例」、日本建築学会、学術講演梗概集F―1、一一〇七―一一〇八.

水野基樹（二〇〇七）、「組織におけるコンフリクト・マネジメントに関する予備的研究―看護師を対象とした実証的調査からのインプリケーション―」、千葉経済大学短期大学部研究紀要（三）、一一五―一二〇.

椋野美智子編（二〇二一）、『福祉政策とソーシャルワークをつなぐ―生活困窮者自立支援制度から考える―』ミネルヴァ書房.

宗像恒次（一九八三）、「統計にみる分裂病者と精神医療体系―社会学的視角から―」、精神神経学会雑誌八五（一〇）、六六〇―六七一.

内閣総理大臣官房広報室（一九七一）、「世論調査報告書」.

中島潤（一九八六）、「コンフリクト分析の基礎」、神戸市外国語大学外国学研究所研究年報（二四）、四一―六四.

野村恭代（二〇一三）、『精神障害者施設におけるコンフリクト・マネジメントの手法と実践―地域住民との合意形成に向けて

―』明石書店.

野村恭代（二〇一八）、『施設コンフリクト―対立から合意形成へのマネジメント―』幻冬舎.

野村恭代（二〇二二）、『地域を基盤とした福祉のしくみ―イタリアの取り組みから―』東信堂.

野村恭代（二〇二四）、「コンフリクトの実態と課題」社会文化研究第二六号、一〇五―一一八.

小幡範雄（一九九一）、「環境政策過程における社会的コンフリクトに関するシステム論的研究」、大阪大学大学院一九九〇年度博士論文.

Robbins, S. P. (1997), Essentials of Organizational Behavior, 5th Edition, Hoboken: Prentice-Hall.（高木晴夫監訳（一九九七）、『組織行動のマネジメント―入門から実践へ―』、ダイヤモンド社）.

坂本麻衣子（二〇〇五）、「水資源開発における社会的コンフリクトマネジメントに関する研究」、京都大学大学院、二〇〇四年度博士論文.

谷岡哲也・浦西由美・山崎里恵（二〇〇七）、「住民の精神障害者に対する意識調査―精神障害者との出会いの経験と精神障害者に対するイメージ―」、香川大学看護学雑誌一一（一）、六五―七四.

Thomas, K.W. (1976), Conflict and conflict management, in M. D. Dunnette (Ed.), Handbook of industrial and organizational phychology, Chicago: Rand McNally, 889-935.

矢島まさえ・梅林奎子・小林亜由美（二〇〇三）、「山間地域における精神保健福祉に関する住民意識―精神障害者と接した体験の有無による比較―」、群馬パース学園短期大学紀要五（一）、三―一二.

全国精神障害者家族会連合会（一九九七）、「精神病・精神障害者に関する国民意識と社会理解促進に関する調査研究報告書」、日本財団図書館（電子図書館）, https://nippon.zaidan.info/seikabutsu/1997/00585/mokuji.htm.

おわりに

障害者施設へのコンフリクトの背景には、障害者や障害者施設への偏見や差別の問題がある。だからといって、差別意識を表面的に見えなくしようとすることは、差別意識の真の根絶から目をそらし、たとえば制度上の課題や行政施策の不十分さなど、都合の悪い問題を別の問題にすり替えることに他ならない。一人ひとりが自身の差別意識から目をそらさず向き合うことは、国が目指す共生社会への方策を生み出すことになり、地域社会や人々が差別意識を有することを認めながら、それを抑制する社会を構築し、真に共生する社会を創造することを志向することが求められている。

国や地方公共団体は、「表面的」な施策ではなく、真の共生のために必要な施策を福祉・教育・その他関連する分野の連携のもとで立案しなければならない。そのためにはまず、差別を新たな観点から分析することが必要となる。人が差別意識を抱くことを否定することを趣旨とする啓発を表面的に立案するのではなく、どのような集団やカテゴリーに対して、どういった認識変化が生じるのかを明らかにすることで、対象による差別意識発出の相違点を解明し、そのうえで差別が分断やコンフリクトとして現象化する構造を分析することにより差別を抑止する方策を追究しなければならない。

＊本書は、二〇一九～二〇二二年度　科学研究費補助金（基盤研究（B）：施設コンフリクトの全国悉皆調査による実態経年比較分析とマネジメント手法の構築（研究代表者：野村恭代）による成果をまとめたものである。

著者紹介

野村　恭代（のむら　やすよ）

大阪大学大学院人間科学研究科修了（人間科学博士）。専門社会調査士、社会福祉士、精神保健福祉士。現在、大阪公立大学先端科学研究院都市科学防災研究センター教授。著作に『地域を基盤としたソーシャルワーク－住民主体の総合相談の展開－』（中央法規、2019 年）、『施設コンフリクト－対立から合意形成へのマネジメント－』（幻冬舎、2018 年）などがある。2018 年 10 月からは、防災やつながりをテーマにした番組「ハートフルステーション」（YES-fm，毎週水曜日 12:15 ～）のパーソナリティをつとめている。

東信堂ブックレット７

「障害者」は私たちにとって「やっかいもの」なのか――根強く残る排除の実態――

2024年3月25日　　初　版第1刷発行　　〔検印省略〕

定価は表紙に表示してあります。

著者©野村恭代／発行者 下田勝司　　印刷・製本／中央精版印刷

東京都文京区向丘 1-20-6　　郵便振替 00110-6-37828

〒113-0023　TEL (03) 3818-5521　FAX (03) 3818-5514

発行所 株式会社 東信堂

Published by TOSHINDO PUBLISHING CO., LTD.

1-20-6, Mukougaoka, Bunkyo-ku, Tokyo, 113-0023, Japan

E-mail : tk203444@fsinet.or.jp　http://www.toshindo-pub.com

ISBN978-4-7989-1907-2 C1036

東信堂ブックレット

- ①迫りくる危機『日本型福祉国家』の崩壊—北海道辺境の小規模自治体から見る　北島　滋　一〇〇〇円
- ②教育学って何だろう—受け身を捨てて自律する　福田誠治　一〇〇〇円
- ③北欧の学校教育とWell-being—PISAが語る子どもたちの幸せ感　福田誠治　一〇〇〇円
- ④CEFR《セファール》って何だ—インクルーシブな語学教育　福田誠治　九〇〇円
- ⑤戦後日本の大学教育の回顧と展望—自分史と重ねて　絹川正吉　一〇〇〇円
- ⑥教養と大学スタッフ—豊かな大学の未来を　絹川正吉　一〇〇〇円
- ⑦「障害者」は私たちにとって「やっかいもの」なのか—根強く残る排除の実態　野村恭代　一〇〇〇円

- 「居住福祉資源」の思想—生活空間原論序説　早川和男　二九〇〇円
- 人は住むためにいかに闘ってきたか—〔新装版〕欧米住宅物語　早川和男　二〇〇〇円
- 居住困窮の創出過程と居住福祉　岡本祥浩　五四〇〇円

〔居住福祉叢書〕

- 居住福祉産業への挑戦　鈴木静雄・神野武美　編　一四〇〇円
- ひと・いのち・地域をつなぐ—社会福祉法人きらくえんの軌跡　市川禮子　一八〇〇円
- 居住福祉の諸相　岡本祥浩・野口定久　編著　二〇〇〇円
- 住宅団地　記憶と再生—ドイツと日本を歩く　多和田栄治　二三〇〇円
- 検証　公団居住60年—〈居住は権利〉公共住宅を守るたたかい　多和田栄治　二八〇〇円
- 「地域の価値」をつくる—倉敷・水島の公害から環境再生へ　石田正也　監修　除本理史・林美帆　編著　一八〇〇円

※定価：表示価格（本体）＋税

〒113-0023　東京都文京区向丘1-20-6　TEL 03-3818-5521　FAX03-3818-5514
Email tk203444@fsinet.or.jp　URL:http://www.toshindo-pub.com/

東信堂

蔑まれし者たちの時代—現代国際関係の病理	ベルトランド・バディ著　福富満久訳	二四〇〇円
サステナビリティ変革への加速	国際基督教大学社会科学研究所・上智大学グローバル・コンサーン研究所編	二七〇〇円
緊迫化する台湾海峡情勢—台湾の動向二〇一九～二〇二一年	門間理良	三六〇〇円
ウクライナ戦争の教訓と日本の安全保障	神余隆博・松村五郎著	一八〇〇円
「ソ連社会主義」からロシア資本主義へ—ロシア社会と経済の１００年	岡田進	三六〇〇円
パンデミック対応の国際比較	川上高司・石井貫太郎編著	二〇〇〇円
リーダーシップの政治学	石井貫太郎	一六〇〇円
２００８年アメリカ大統領選挙—オバマの当選は何を意味するのか	吉野孝・前嶋和弘編著	二〇〇〇円
オバマ政権はアメリカをどのように変えたのか—支持連合・政策成果・中間選挙	吉野孝・前嶋和弘編著	二六〇〇円
オバマ政権と過渡期のアメリカ社会—選挙、政党、制度、メディア、対外援助	吉野孝・前嶋和弘編著	二四〇〇円
オバマ後のアメリカ政治—二〇一二年大統領選挙と分断された政治の行方	吉野孝・前嶋和弘編著	二五〇〇円
危機のアメリカ「選挙デモクラシー」—社会経済変化からトランプ現象へ	吉野孝・前嶋和弘編著	二七〇〇円
ホワイトハウスの広報戦略—大統領のメッセージを国民に伝えるために	M・J・クマー著　吉牟田剛訳	二八〇〇円
「帝国」の国際政治学—冷戦後の国際システムとアメリカ	山本吉宣	四七〇〇円
国際関係入門—共生の観点から	黒澤満編	一八〇〇円
国際共生とは何か—平和で公正な社会へ	黒澤満編	二〇〇〇円
国際共生と広義の安全保障	黒澤満編	二〇〇〇円
現代アメリカのガン・ポリティクス	鵜浦裕	二〇〇〇円
暴走するアメリカ大学スポーツの経済学	宮田由紀夫	二六〇〇円
グローバル化と地域金融	内田真人・福光寛編著	三二〇〇円
現代国際協力論—学融合による社会科学の試み	柳田辰雄編著	三二〇〇円

※定価：表示価格（本体）＋税

〒 113-0023　東京都文京区向丘 1-20-6　TEL 03-3818-5521　FAX03-3818-5514
Email tk203444@fsinet.or.jp　URL:http://www.toshindo-pub.com/